AF309041

en 12 chapitres

APERÇU HISTORIQUE ET GÉOGRAPHIQUE

SUR

LES KHMERS

CHAPITRE PREMIER

Des origines des Khmers. — Époques probables. — Grandes migrations. — Mouvement extensif bi-latéral. — Capitales, leur architecture. — Inscriptions bi-lingues. — Angcor-Vat et sa légende, d'après le roi des Bonzes, en 1869. — Le glaive royal miraculeux. Insigne de la royauté. — Angcor, par ses temples, fut la capitale d'une puissance sacerdotale militante. — Le bouddhisme. — Période de décadence. — Chute d'Angcor. — Grandes invasions du Nord dans les Indes. Dilemme historique. Marche probable de Ghenghiz-Khan avec ses hordes. — Pé-King, la Corée et les Indes. — Puissance considérable des Ghenghiz-Khanides ou des Tartares-Mandchoux. Koublai-Khan. — Le docteur Harmand. — 2me proposition du dilemme historique. Le dernier mot est à l'archéologie et à la linguistique. — MM. Faraut et Aymonier. — Hypothèse de M. Moura sur les invasions de l'Inde. — Ses travaux.

I

DES ORIGINES DES KHMERS. — EPOQUES PROBABLES.

Le royaume des Khmers, connu de nos jours sous le nom de Cambodge, occupa, à une époque très-reculée, en même temps que l'Inde et la Chine, le premier rang en Asie. C'est l'époque où la race autochtone fut refoulée dans les montagnes, où elle est restée depuis, pour former des tribus dont la principale est celle des Moïs, à laquelle je consacrerai un chapitre spécial.

Je ne rechercherai donc pas les origines de la race autochtone qui doit remonter à la paléologie humaine;

1

je ne m'occuperai que de celles probables des Khmers, conquérants de la presqu'ile transgangétique.

Les premières cités, comme les premiers Etats khmers doivent avoir fait leur apparition environ vingt siècles avant nôtre ère. Sur place, sur la pierre ou sur des dessins, j'ai étudié les divers monuments khmers, ceux de Vat-Nokor, d'Angcor-Vat, de Su-rènes, et, dans le grand fleuve, partout j'ai retrouvé le même génie qui a conçu ces monuments et ont noms : Babylone, Ninive, Memphis et les Pyramides, aux confins de l'Heptanomide, puis Thèbes, avec la onzième dynastie dans la haute Egypte.

On rencontre toujours le génie aryen, dont la civilisation, dans les pays d'Asie, remonte à la plus haute antiquité, puisque 2400 ans avant notre ère elle avait acquis la plus haute expression.

Mais ce génie identique, invariable, quant au fond au plan et dans ses concepts, varie dans ses formes et subit en cela les diverses lois de la *science des mi-lieux*, c'est pourquoi tout ce qu'il a fait 'il été œuvre solide et durable.

Comme la nature, le génie aryen a sans cesse per-fectionné son œuvre, en vertu des lois démontrées par Bichat, Blainville, Magendie, Claude-Bernard et Paul Bert.

II

GRANDES MIGRATIONS. — CAPITALES, LEUR ARCHITECTURE.
INSCRIPTIONS BI-LINGUES.

Partie du grand plateau central de l'Asie, formé par les hautes montagnes de lachâine de l'Imaüs et de celle des *Emodes*, la race aryenne, refoulée, par les *Toura-niens* ou *Tartaro-Finnois*, avait inondé au Sud le bassin de l'Indus et du Gange, puis, après s'y être installée, repoussant à son tour les noirs Dravidiens ou autochtones de l'Inde, vers le Sud sur Ceylan et la Malaisie, etc., elle eut bientôt besoin de s'étendre. Elle se divisa, et ce fut vers l'Est et l'Ouest qu'elle exécuta son mouvement extensif.

Ce mouvement bi-latéral s'effectua en même temps, vers 4000 ans avant notre ère, et il n'arriva dans la vallée du Tigre et de l'Euphrate que mille ans après; il chassa « *la race maudite de Cham* (1). » Celle-ci quitta cette riche vallée et s'enfuit avec Menès en Egypte, et avec Abraham également vers le Sud-Ouest sur la terre d'Héber et de Chanaan. — Il y eut alors confusion de langage.

Nous savons comment ce rameau aryen inquiété lui-même par les Touraniens, qui avaient franchi l'Yaxarte et l'Oxus, construisit ses villes comme celles de l'Inde et exécuta des travaux merveilleux. Babylone s'éleva bientôt près du champ de la confusion des langues, qui décida de l'expulsion des enfants de Noé (2); l'Euphrate fut encaissé, des tunnels, des châteaux, des jardins étagés sur des terrasses et des palais immenses furent construits.

Là, comme dans l'Inde du Gange et dans celle en deçà

---

(1) Fuite d'Abraham, qui de Chaldée vient dans la terre de Chanaan (entre Suez et la Syrie). C'est de sa tribu que sortirent les Hycsos ou rois pasteurs, qui s'établirent dans le Delta, à Avaris. Ces pharaons refoulèrent les rois d'Egype dans la haute Egypte.

(2) **Nô**, en siamois, veut dire *race*. — **Noâ** signifie *au-dessus*.

du Gange, l'ornementation de figures et de dessins d'hommes et d'animaux fut ingénieusement appliquée. Des supports gigantesques d'animaux hyperboliques servirent d'assises à des montagnes de pierres richement fouillées et ciselées jusque sur leurs frontons altiers. Ce furent des lions pour Babylone et Ninive ou des sphinx pour Thèbes et Memphis; des éléphants, des tigres pour les Indes du Gange et en deçà du Gange.

Ici, là, partout, des bas-reliefs représentant les hauts faits de chaque race, avec son génie modifié suivant la loi des milieux; des stèles chargés d'inscriptions, quelquefois *bilingues*, qui racontent telles victoires, promulguent telles lois religieuses ou immortalisent tels règnes (1).

Ces cités superbes n'ont été élevées au Sud, à l'Est et à l'Ouest que par la même race conquérante, qui a fait traduire son génie par la race vaincue. Celle-ci, sous le joug, est venue se heurter, se briser et s'éteindre parfois contre ces grès et granits qu'elle creusait pour y tracer profondément son avilissement et son martyre.

Monuments des Cakyas, des Gotamides dans les Indes, Indra, Bénarès et Patna, Angcor-Vat, Surènes et Vat-Nocor, et vous palais Coushites des dynasties égyptiennes et assyriennes, apparaissez tels que

---

(1) Aux musées égyptiens et assyriens du Louvre, on peut admirer les bas reliefs de Ninive dans le palais de Sardanapale, ceux de la grande statue d'Aménophis III, etc., etc.. sans parler des sarcophages, de celui de Ramsès en particulier, gigantesque monolithe creuse, etc.

vous êtes, montagnes de pierres soulevées par le peuple et par lui arrosées de sa sueur et de ses larmes au profit de maîtres impitoyables !

Puissent vos ruines servir de suaire aux conquérants et, sur leur linceul, l'humanité renaître libre de tout joug sacerdotal et impérial!

J'ai dit plus haut que, suivant les milieux, la forme était modifiée, le mode d'architecture restant le même et qu'il n'y avait que l'ornementation sculpturale qui était différente.

En effet, dans l'Inde en deçà du Gange, comme dans l'Inde où la flore et la faune sont si puissantes, on les reproduit avec une recherche, un soin et une vigueur excessive, qui semblent défier les âges.

Au nord de l'Arabie le luxe d'ornementation est moindre, mais tous les monuments sont construits avec le goût du colossal, qui est le propre du génie aryen.

En Egypte, l'ornementation est plus grosse, c'est qu'en effet il n'y aurait pas lieu de faire sur ses monuments ces fines et délicates broderies de pierre, ces bas-reliefs d'un travail merveilleux, parce que les sables du désert s'y opposent. Babylone et Ninive font déjà pressentir une ornementation grossière.

C'est une ornementation hiéroglyphique et hiératique, par conséquent.

Elle est zoomorphique pure et simple, celle de l'Asie orientale est de même, mais avec des fleurs, des feuilles et des représentations symboliques du règne végétal, cet intermédiaire des êtres créés, avec la matière, source éternelle.

En Asie, les obélisques sont d'un travail achevé;

sur les bords du Nil, à l'Ouest du Caire, ce ne sont plus que des pierres supperposées, entièrement nues et simplement entassées les unes sur les autres (1).

Les pylones des temples et des palais sont aussi massifs; mais, dans les Indes, ils sont enguirlandés, enrubanés soigneusement. Un éléphant supporte des masses de pierres énormes sur sa tête et sur sa trompe repliée gracieusement, puis des herbes très-ingénieusement enlacées et disposées viennent arquebouter encore cette tête massive et lui donnent un équilibre de support convenable. L'utile et le gracieux sont correctement unis.

(1' Aux pieds de ces pyramides et sur leurs sommets, où je fus soulevé plutôt que porté, je n'ai jamais pu comprendre comment le général Bonaparte avait fait pour s'engouer de ces étranges monuments, à leur simple vue. Il dut y aller comme moi, à âne et à pied. Et j'avoue que, durant la promenade, il m'arriva d'envoyer à tous les diables Chéops, Chéphren et Mycérius, avec leur quatrième dynastie, pour avoir eu l'idée de construire de tels tombeaux. Je rentrai le soir au Caire tout endommagé, endolori et importuné de ces cris nasillards de *bachis, backchis* (monnaie égyptienne) dont m'avaient abasourdis mes affreux cicérones arabes. Au haut de la grande pyramide, je pouvais bien devoir de 400 à 500 bachis; je laissai dire, et promis tout, pour ne pas rester au beau milieu de la pyramide, et je fis régler par l'hôtelier, conducteur et âne. Il ne lui donna pas plus de 5 roupies, ou 12 fr. 50, et ce fut bien payé.

Le duc de Brabant, aujourd'hui S. M. Léopold II, roi des Belges, m'avait précédé aux pyramides; il fut mon compagnon de voyage, en 1864, pendant trente jours, depuis Marseille jusqu'à Pointe-de-Galles, où il quitta le vapeur de la ligne de Chine, pour aller à Pondichéry et à Calcutta. Il fut charmant pour tous les passagers, il plut à tous indistinctement, chose difficile pourtant. Ailleurs, je raconterai plus en détail ce voyage, *hic non locus.*

A Babylone, ce sont de grosses pierres taillées en forme de taureau à six jambes, à face humaine, comme à Ninive (1).

Mais en Heptanomide et dans la haute Egypte, il a fallu des pierres essentiellements massives, et sur le frontispice des temples, des palais ou des tombeaux, on taillera grossièrement des têtes de monstres n'ayant ni formes d'homme ni forme d'animaux connus, et celles-ci seront encadrées par des feuilles de pierre ouvertes et tailladées. Il y en a aux quatre coins de l'embasement des édifices.

De rares enluminures ornent les sépulcres, les pyramides et les obélisques; dans l'Inde en deçà du Gange elles sont très-riches, or et rouge, elles recouvrent les dômes et les voûtes immenses des temples, on les admire encore au milieu des ruines.

Je n'ai tant insisté sur ce qui précède que pour montrer que le mouvement aryen, qui s'est effectué vers l'orient de l'Inde, a dû suivre les mêmes étapes; et, dès lors, il nous sera permis d'établir approximativement une date relative pour l'invasion aryenne, en Indo-Chine, et comme conséquence la fondation de l'empire des Khmers.

Cette date est certainement antérieure à celle de l'émigration que nous venons d'esquisser à longs traits, et qui s'effectua en Médie, en Assyrie, en Arménie et en Mésopotamie, pourchassée au Nord par les Touraniens, solidement campés sur l'Oxus.

Il nous serait facile de constater qu'Angcor fut la

____

(1) Voir, au Musée assyrien, les stèles et débris qui ornent cette salle basse du Louvre.

capitale de l'empire Khmer, dès l'origine, et qu'elle communiquait, soit par la rivière de Battanbong ou par les provinces sud-ouest, avec la mer. Par les divers dépôts d'alluvions que j'ai pu constater, depuis près de quinze ans, et après dix expériences consécutives, j'ai été amené à conclure, dans un article sur les inondations du Mé-Kong (1), que Phnom-Penh, la capitale actuelle du Cambodge, était baignée par la mer il y a environ 4500 ans, soit 2623 ans avant notre ère. Ce serait bien la date qu'on pourrait à peu près assigner à Angcor, et, par suite, à la création de la puissance des Khmers, qui n'atteindra son apogée en Asie que sous la période réformiste du bouddhisme; elle serait en rapport direct avec le récit de la Genèse, statuant sur les Etats fondés par Nemrod, Assur et Mènes ou Mesraïm.

Ainsi, on le voit, l'empire khmer comptait en extrême-Orient, avant même que les civilisations de la Grèce et de Rome songeassent à enfanter l'Europe. S'il faut en croire les Annales chinoises, ses origines coordonneraient avec l'époque que nous avons cru devoir déterminer; je ne pense pas qu'on puisse les reporter à une plus haute antiquité. Les probabilités de la science ethnographique, d'accord avec la géologie, nous guideront dans ce labyrinthe de récits légendaires, puisque nous n'avons ni traditions ni traces autres que ces superbes ruines qui, çà et là, jonchent tristement le sol, et paraissent affirmer une brillante et prospère civilisation.

---

(1) *Indépendant* de Saïgon du 15 octobre 1875.

Ce sera à ces pierres, aux inscriptions bi-lingues : bâli-khmer et bâli-siamois, quelques-unes déchiffrables, au milieu de débris de toutes sortes et d'un dédale inextricable de bouleversements sociaux, qu'il faudra s'adresser pour extraire les vieilles origines des Khmers. Peut-être trouverai-je dans quelques textes siamois des documents précis, au moins depuis la période bouddhique. Déjà n'avons-nous pas cette puissante architecture de Vat-Nocor, d'Angcor-Vat et de Surènes, comme expression de la civilisation d'un peuple-roi, qui pourrait nous faire connaitre ses idées, son industrie, ses mœurs et son histoire.

Actuellement nous devons accueillir tous les efforts, et nous contenter des plus faibles connaissances.

Avant sa période de décadence, le royaume Khmer s'étendait du Bengale au golfe du Tong-Kin; il comprenait : Malacca, Siam, la Birmanie, le Cambodge actuel, le Laos, le Xieng-Maï, les Moïs, la Cochinchine française, l'Annam ou empire du Sud, avec une sérieuse suzeraineté sur le Tong-Kin, en un mot, il commandait à l'Inde, en-deçà du Gange. Angcor était sa capitale.

III

III. Angcor-Vat et sa légende.

Je crois devoir intercaler ici la légende de cette cité opulenté, telle que l'a donnée le pape-roi des bonzes, sans toutefois accorder la moindre créance sur l'époque de sa fondation, qu'il ne faisait remonter, en 1870, qu'à 1231 époques ou années, soit environ 103 époques du petit cycle (1).

Angcor a été construite par un prince très-puissant.

Ce roi était un Grand-Ange qui s'était fait homme.

Avant de descendre sur la terre, il envoya un des grands génies qui y vint pour lui bâtir de· riches et belles cités.

Ce grand-génie se fit accompagner par une foule innombrable de génies-travailleurs.

C'étaient des ingénieurs, des architectes, des maçons et des manœuvres célestes.

Le Grand-Ange choisit la position d'Angcor, qui communiquait avec la mer.

Cette position lui parut la plus belle dans la contrée indienne.

On se mit de suite au travail.

Tous les anges-génies avaient cœur à la besogne; ils ne prenaient que peu de repos, et cependant ils mirent deux décades ou cent-vingt ans à construire la grande capitale.

Une demi-décade (trente ans) avant l'achèvement de toutes les constructions, le Grand-Ange descendit sur la terre et prit la forme d'un homme.

Il fut incarné.

Ce fut une femme du peuple qui le conçut.

Cette femme, entièrement inconnue, était d'une merveilleuse beauté.

Elle s'appelait Maya (2) et sés vertus égalaient son éblouissante beauté.

---

(1) Le petit cycle contient 12 années lunaires de 13 mois chacune.

(2) Maya ou Maria, dont l'origine doit être Maha, signifie *tout ce*

Elle était mariée à un très-honnête et excellent ou
vrier. Celui-ci était du peuple, comme elle.

Quand le Grand-Ange naquit, les travaux avançaient
et déjà Angcor-Vat s'annonçait digne de recevoir un
roi céleste.

A peine venu au monde, l'Ange-Roi étonnait tout
le monde. Il grandissait en sagesse et en science.

Il se rendait dans les pagodes pour s'instruire.

Bientôt il put instruire lui-même ceux qui l'écou-
taient.

Son intelligence était grande, plus grande encore
était sa bonté.

Ayant à peine six ans, l'Ange-Roi perdit son père
putatif.

On ne parla plus de ce dernier, et on perdit dès lors
sa mère de vue, dont la mort est restée ignorée.

On n'a d'autres traces de la mère de l'Ange-Roi que
par les nombreux portraits que son fils fit enchâsser
sur les frontons de tous les portiques des temples et
du palais d'Angcor.

L'Ange-Roi avait trente-trois ans quand sa de-
meure et sa cité royales furent prêtes à le recevoir,
il se fit alors reconnaître roi d'Angcor.

Mais bientôt il reçut du ciel la mission de parcou-
rir le monde pour trouver un architecte capable de
construire une autre Angcor.

Il dirigea ses pas vers l'Orient et vint en Chine.

---

qui est beau, grand et d'une beauté merveilleuse. Maha ou Maya est
très-usité chez les princes, les hommes illustres, les rois et dans leur
famille.

Mais là il ne trouva pas d'architecte assez capable.

A Pé-King il reçut la visite d'un grand lettré, premier conseiller de l'Empereur, qui se flattait beaucoup.

Il le mit à l'épreuve, mais vaine fut celle-ci, il dut le refuser parce qu'il le trouva trop fanfaron et peu intelligent.

Alors il quitta l'Orient et marcha vers l'Occident où il arriva en Afrique et en Europe.

Il trouva facilement son architecte en Occident.

Alors il fit construire une grande cité sur le même plan qu'Angcor.

Cette cité dut servir de modèle à toutes les capitales.

Il venait d'accomplir sa tâche sur la terre, aussi remontât-il au ciel, heureux du choix qu'il avait fait de son successeur.

Je ne commenterai pas ici cette légende des livres sacrés de l'extrême-Orient, je dois dire seulement que les savants de l'Ecole d'Alexandrie l'ont acceptée dans un grand débat. Je l'ai communiquée à plusieurs membres de l'Institut et à des professeurs du Collége de France vers la fin de 1871. M. Jacolliot a dû également la faire connaître.

Là se termine la légende de la construction d'Angcor. La légende du *glaive miraculeux* commence. La voici :

IV

LE GLAIVE MIRACULEUX.

En descendant du ciel et avant son avatar, l'Ange-Roi avait fait porter dans son palais le *glaive de la royauté;* quand il s'éleva dans les cieux, il le laissa à

Angcor, comme marque d'une éternelle souveraineté.

Depuis, les souverains asiatiques ont tous un glaive de commandement et de justice à pommeau d'or, tout ruisselant de diamants et de pierreries qui, dans les solennités, est porté en grande pompe devant le souverain

Ce glaive de l'Ange-Roi est la propriété actuellement des trois rois de Siam, du Laos et du Cambodge.

Le roi de Siam a le manche, celui du Laos a le fourreau, et S. M. Norodom Ier possède la lame.

Le père du roi du Cambodge a fait mettre à cette lame une très-riche poignée (1).

Cette lame, dit la légende, se rouille quand la guerre doit désoler le royaume Khmer, et la rouille ne s'en va que lorsque la guerre est finie.

Le roi des bonzes m'a affirmé, dans sa sincérité, qu'il en avait été ainsi lors de la guerre civile de Phu-Câm-Bô, il y a onze ans ; en février dernier (1877), lorsque le roi du Cambodge, avant de partir en guerre contre son frère Si-Vata, voulut faire ses dévotions dans la salle des ancêtres, où se trouve précieusement gardée la lame miraculeuse, il observa qu'elle était rouillée. Je voulus constater le fait, ce qui me fut facile, mais ces tâches de rouille peuvent très-bien provenir de ce qu'on ouvre trop souvent l'espèce de châsse où elle est placée et qu'alors l'humidité de l'air ambiant serait la seule cause de cette oxyda-

---

(1) M. Moura, notre représentant au Cambodge, en a fait faire un superbe et très-exact dessin qu'on pourra admirer dans le grand ouvrage qu'il a à l'étude depuis près de dix ans.

tion qui, malgré tant de précautions prises, finit par s'opérer.

Le roi ne fait voir le glaive de l'Ange-Roi que le Wân-Sôkh (samedi), qui est le jour consacré.

V

ANGCOR, PAR SES TEMPLES, FUT LA CAPITALE D'UNE PUISSANCE SACERDOTALE ET MILITANTE. — LE BOUDDHISME.

Malgré la légende des bonzes, il ne faut pas seulement considérer Angcor comme ville conquérante, elle a surtout été le centre d'un grand mouvement religieux, qui a commencé à se produire vers le IIIe siècle avant notre ère.

Ce mouvement religieux fut le bouddhisme, qui fit son apparition dans l'Inde, où il naquit dans le Népal, il y a environ 2420 ans, soit près de 543 ans, avant Christus (1).

bouddhisme au Cambodge sera l'objet d'une étude spéciale, publiée déjà en partie dans l'*Indépendant de Saïgon* (1874-1875), laquelle sera reproduite et terminée dans cet ouvrage.

Les nouvelles doctrines, qui s'élevaient énergiquement contre les folies des sens, la concupiscence, la cruauté, l'avarice, l'hypocrisie, et l'abjection morale

---

(1) M. Oppert, professeur au Collége de France, n'accepte pas l'étymologie de Jacolliot, la mienne et celle de tous ceux qui la font dériver du *Christnou brahmanique.* Il dit que *Christ* vient de *khroïs, oindre,* mot hébreu signifiant l'*oint* du Seigneur.

Qui a raison ?

des brahmines et des sectacteurs de Siva, furent acclamées par ceux qui souffraient et par les nombreuses tribus nomades du plateau central de l'Asie.

De là conflits, guerres et luttes sanglantes qui durèrent plusieurs siècles, jusqu'à l'expulsion définitive de l'Inde septentrionale des nouveaux réformés. Alors des hordes nombreuses descendirent de l'Hindoustan, se dirigèrent vers l'Orient et vinrent à Angcor pour former le plus puissant des Etats asiatiques avec les Khmers. Ceux-ci acceptèrent la réforme, mais les nouveaux venus effacèrent bientôt les traces du brahmanisme tant à Angcor que dans tout le royaume, et l'on ne vit plus sur les monuments, dans les bas-reliefs et sur les frises de l'entablement que les traditions des Soutrâs et les luttes que dut soutenir la Réforme contre le Brahmanisme. On y trouve toutefois une partie de la légende du Ramayana.

C'est, depuis l'introduction de cette Réforme, vers le IV siècle avant notre ère, dans la contrée des Khmers, qu'on peut établir la puissance de cet empire, qui rayonna bientôt vers tous les points de la péninsule transgangétique.

De la légende du pape des bonzes on peut, par sélection, en détacher l'idée d'une émigration vers l'Occident, et, ainsi que je l'ai dit plus haut, une même origine pour les monuments babyloniens, assyriens et égyptiens.

L'empire khmer fut d'autant plus considérable, qu'il recevait dans son sein tous les sectaires nouveaux du protestantisme indien. Ces sectaires proclamaient l'abolition des castes et de l'inégalité des hommes, et ce principe de la liberté :

« Fais à autrui ce que tu voudrais qui te fut fait. »

« Songes au bien-être éternel, à l'Infini de toutes les intelligences et de la raison parfaite qui t'attendent au-dessus des mondes lumineux, dans les régions éternelles et indestructibles.

« O homme, » s'écrie Siddharta quand il est devenu Bouddha, c'est-à-dire lorsqu'il a acquis la science parfaite, « c'est par la science que tu te délivreras de toutes chaînes. »

Puis ailleurs, dans le *Lotus*, ce livre du Commandement des Commandements, il dit aux rois :

« Roi je fus, et pour devenir Bouddha j'ai quitté avec bonheur le pouvoir souverain, ma famille est aussi ancienne que la conquête elle-même qui a fait des oppresseurs et des opprimés, je suis de la race solaire des Gotamides, et ai été le plus puissant, le plus riche et le plus magnifique roi et empereur du monde, je puis donc vous donner, ô rois et souverains, ces conseils :

« D'abord vous n'êtes rien que pour et par le peuple, qu'un flot apporte puis remporte aux caprices de la vague ; proclamez bien haut le règne de la science ; renversez la nuit profonde de l'ignorance. Vous ne gouvernerez bien vos empires, que quand les sabres seront rouillés et les bêches luisantes, quand les prisons seront vides et que les greniers seront pleins, quand le médecin ira à pied et que le boucher ira à cheval, quand il y aura au foyer beaucoup de vieillards et beaucoup d'enfants. »

Le bouddhisme pur est le calque quintessencié de la *science* unie à la haute philosophie.

Le royaume des Khmers fut, il n'en faut pas douter, l'un des empires où le bouddhisme a été le plus puissant.

Le Bouddha a entrevu la lumière; le commencement et la fin lui échappent. N'aurait-il pas pressenti dans son Nirvânâ l'absorption de la matière par elle-même?

M. Barthélemy Saint-Hilaire, qui écrivit son *Histoire du Bouddhisme* bien avant notre conquête en Indo-Chine, a pu oublier cette contrée qui, malgré ses bouleversements, a conservé, comme Ceylan, quelques-unes des premières traditions du Bouddha. En fin août dernier, en compagnie de quatre élèves-ingénieurs de la marine japonaise (1), qui venaient en France pour terminer leurs études scientifiques, je me suis rendu à la grande pagode de Pointe-de-Galles. Nous y fûmes accueillis parfaitement par le chef de la bonzerie.

Notre drogman anglo-indien me fit connaître la présence d'un bonze du Siam septentrional. Il fut mandé, et nous pûmes causer ensemble. Il nous accompagna et me fit observer que la pagode était parfaitement semblable à celles de Siam et du Cambodge. La grande statue du Bouddha, couchée, avec ses immenses yeux de saphir, ses ongles de nacre, est très-belle et très-riche. J'en ai vu de pareilles, mais en petit, sur les montagnes d'Oudong et dans tous les temples du Cambodge.

____

(1) MM. Sakourai, Wakayama, Tatoumi et S. Hirono.

2

Presque sur le milieu de la route des migrations qui de l'Inde se dirigèrent vers la Chine et le Thibet, le pays des Khmers et leurs superbes cités durent porter l'empreinte de chaque race émigrante. Cette empreinte fut confiée à la pierre, au granit! Tout le sol cambodgien, aux quatre points cardinaux, en est jonché, dans le haut Mé-Kong, au-delà des Rapides, au milieu de forêts aujourd'hui impénétrables, on découvre, sous l'alluvion des siècles, ici des stèles, là des statues monolithes, partout des ruines grandioses et des obélisques qui, du haut de leurs montagnes artificielles, marquent aux voyageurs les jalons du vieux peuple khmer.

Cet empire, essentiellement religieux, renfermait des éléments d'une vitalité trop absorbante, ses hordes indisciplinées, soulevées par la liberté, comme des trombes, eurent une langue propre, avec un alphabet. La réforme les dota d'une des littératures les plus savantes. Leur civilisation fut des plus brillantes et des plus rapides, malheureusement d'une nature pléthorique, et sous ce ciel continuellement embrasé, elle s'étouffa elle-même dans son plus grand essor.

Le vandalisme conquérant s'abattit sur ces contrées et ne laissa que des cendres.

De ces cendres nous ferons jaillir l'idée qui, *Elle*, ne peut mourir. Cette coordonnée de l'être avec l'Infini donne naissance à ces archétypes qui ont fixé les yeux du *démiurge*, façonnant la matière éternelle à la création universelle ; manifestation de la vie, elle est comme la condensation de la suprême intelligence.

La science est sa mère et le monde lui appartient. Ennemie née de l'erreur, elle a engendré la *vérité* et la *liberté*. C'est par *elles*, par l'*idée*, que le bouddhisme a vaincu, et sa cité sainte fut Angcor : il s'y implanta au troisième siècle avant notre ère. Ce fut de là qu'il pénétra en Chine, vers 63 de notre ère, où il devait obtenir de grands triomphes et y subir aussi de tristes éclipses.

J'ai essayé de découvrir des documents pour me guider dans cette longue période de mille ans, qui a vu l'apogée de la grandeur des Khmers, puis sa ruine, son démembrement et sa décadence. Partout la légende, rien de précis.

Enfin, après bien des tâtonnements, et après avoir fait consulter les annales chinoises, et aidé dans cette tâche ardue par mon vieil ami de quinze ans, M. Pet. Truong-Vinhky (1), je crois pouvoir établir ainsi ce qui a dû se passer :

Lorsqu'Angcor fut assez puissante pour se venger de l'Inde brahmanique (vers le deuxième siècle avant notre ère), elle voulut empiéter sur elle ; les réformés ne pouvaient l'aider, obligés eux-mêmes de reculer pendant les trois premiers siècles.

De là, des guerres interminables surgirent terribles et portèrent la désolation et le ravage dans ces beaux et si riches pays. La lutte fut atroce, à en juger par les témoignages que les monuments khmers nous ont transmis sur leurs pages de granit.

---

(1) Sous-directeur du collége de Stagiaires, à Saïgon.

VI

**PÉRIODE DE DÉCADENCE. — CHUTE D'ANGCOR.
GRANDES INVASIONS DU NORD DANS LES INDES.**

Ce fut vers le huitième siècle de notre ère que les Khmers affaiblis et désormais soumis à un joug césarien, commencèrent à perdre le sceptre de l'Inde transgangétique. Ils opérèrent leur propre démembrement; Angcor avait bien le droit de suzeraineté sur les Etats qui se détachaient de son action directe, mais il n'en est pas moins vrai que ce fut le signal de sa décadence. Elle avait récompensé ses princes qui l'avaient délivrée. Ceux-ci, comme auraient voulu le faire, avant Louis XI et Richelieu, les grands feudataires de la couronne en France, se détachèrent de l'empire et se déclarèrent princes souverains indépendants; ils s'égorgèrent entre eux, se pillèrent et s'affaiblirent.

Il dut y avoir beaucoup de ces principautés indépendantes, à en juger par les villes capitales en ruine. Cette division causa la chute des Khmers.

Ceux-ci étaient dans toute leur puissance lorsque, pour la première fois, les Mongolo-Tartares convoitèrent la Chine, et si, pendant près de mille ans, ils vinrent se briser aux pieds de la grande muraille que les Thsin (215 ans av. J.-C.) avaient fait élever contre leurs empiétements, ils finirent enfin par la renverser au douzième siècle de notre ère, avec Thémudjin, s'emparèrent du pouvoir et firent irruption dans l'Inde, par la route Thibétaine et par celle du

Songkoï et du Mé-Kong. Ils s'avancèrent jusqu'aux limites extrêmes de l'Asie Occidentale et vinrent défier l'Occident, alors occupé aux croisades.

Ce fut précisément à cette époque que dut succomber la sainte cité du Bouddhisme. Que de sang, que de carnage, que d'anéantissements ! Quelles luttes ! à en juger par ses immenses ruines. Celles-ci suffiraient à prouver le passage du farouche chef des Kalkhas-Mandchoux, qui, en renversant la muraille du Céleste Empire, avait jeté ce défi au vieux monde asiatique : *« Qu'ainsi s'écroule et s'efface devant moi tout ce qui peut me résister ! »*

Ce fléau de l'humanité, qui voulait asservir l'univers, changea la face de l'Asie ; il dut trouver une certaine résistance dans la Dwipa orientale, et c'est pourquoi l'Indo-Chine n'est-elle qu'un monceau de ruines. Car là où le farouche Kalkhas trouvait une résistance héroïque, il broyait et pulvérisait tout. Ainsi sont les monstres à face humaine que l'histoire est convenu d'appeler des conquérants.

Ghengiz-Khan étendit sa puissance depuis la mer de Chine jusqu'aux confins de la Syrie, et des régions arctiques jusqu'aux bords de l'Indus. Il engloba donc, dans son vaste cercle de fer et de feu, l'empire des Khmers qui, par suite de son morcellement, donna naissance à des Etats secondaires, aujourd'hui presqu'en pleine prospérité, tandis qu'il a subi la loi fatale de la chute des empires, au point d'être réduit à la simple expression où nous l'avons trouvé, quand nous l'avons pris sous notre Protectorat, pour ravir au Siam et à l'An-Nam, que nous venions d'écraser à Tourane et à Saïgon, ces derniers débris d'un peuple qui fut roi.

Toutes les probabilités me confirment dans l'idée que ce dût être au commencement du treizième siècle de notre ère que périt la sainte cité du Bouddhisme avec l'Empire dont elle fut si longtemps la capitale. Le pape des bonzes de Phnôm-Penh, homme très-érudit dans le pays, et qui a habité Baugkok près de vingt ans, m'a à peu près donné cette date lorsqu'il m'a dit qu'Angcor avait dû succomber, il y a près de douze décades; or, chaque décade comprend un groupe de six cycles d'années, et chaque cycle représente dix années lunaires dénommées spécialement.

VII

DILEMME HISTORIQUE.

Nous nous trouvons en présence d'un dilemme historique très-intéressant, à savoir :

L'empire des Khmers est tombé,

Avec Genghiz-Khan, ou bien par intermittence à partir du troisième ou quatrième siècle de notre ère.

En tous cas, examinons l'une et l'autre hypothèse, et arrivons à une solution probable de cette énigme posée à l'humanité depuis tant de siècles.

Lors de chacun de mes voyages en France, dans toutes les bibliothèques françaises et anglaises, j'ai recherché les documents concernant le renversement des Thsin, les conquêtes de Chenghiz-Khan

(1214 à 1294); j'ai en partie lu tous les ouvrages traduits ou non, qui ont pu être fait sur les Genghiz-Khanides, j'ai même pris l'avis de nos plus célèbres historiens, et tous m'ont confirmé dans l'idée que l'hypothèse d'une invasion des hordes du chef kalkhas était fort présumable.

VIII

MARCHE PROBABLE DE GHENGHIZ-KHAN AVEC SES HORDES. — PÉ-KING. — LA CORÉE. — L'INDO-CHINE ET LES INDES. — PUISSANCE DES GHENGHIZ-KHANIDES OU TARTARES-MANDCHOUX. — KOUBLAÏ-KHAN. — LE DOCTEUR HARMAND.

Cela posé, en quelques lignes je vais tracer la marche que dût suivre le farouche Ghenghiz.

Le chef des bandes mongolo-tartares, en rompant les digues du nord de la Chine, pour venir, par Pé-King, s'abattre en Asie qu'il terrorisa, arriva jusqu'aux bords de la mer Caspienne pour fonder, dans Tauris, la terrible puissance des Ghenghiz-Khanides.

Son passage depuis Pé-King jusqu'à Tauris ne fut qu'une longue traînée de ruines et de sang. Il s'était heurté à toutes les civilisations de l'Asie : il les avaient brisées et broyées. Il ne laissa que des cendres, je l'ai déjà dit plus haut.

En face de l'Occident, qu'il trouva en mal de nationalités, son regard de fauve brillât d'un feu sinistre de convoitise, ce ne fut qu'une hallucination, le rêve d'un moment.

Ce fut la première fois que les hordes de l'Extrême-Orient convoitèrent l'Europe. Quoiqu'il en soit, les Mongolo-Tartares ne l'oublieront pas, et le moment n'est-il pas très-loin où, guidés par un nouveau chef tartare, ils reviendront sur leurs pas et cette fois pour franchir l'Oural, qui déjà leur est soumis. Ces deux grands chefs de hordes qui règnent à Pé-King et à Saint-Pétersbourg ne sont-ils pas eux-mêmes Tartares, se traitant dans leurs relations intimes et politiques de *très-chers et bons cousins*, titres qu'ils ne prodiguent jamais.

Etrange destinée que celle de la création ! toujours l'absorption de l'être par lui-même.

Tels le papillon ou ces éphémères qui se laissent attirer par la flamme et viennent se précipiter par nuées innombrables dans l'infernal brasier qui rend à la matière ses principes éternels. Un bruit imperceptible, puis le fraisillement, et c'est tout. Ce que sont le papillon et l'éphémère pour l'homme, celui-ci l'est pour l'éternelle loi qui dirige et coordonne les mondes, hier fournaises ardentes, aujourd'hui incandescentes et demain refroidies. Puis, avec le refroidissement, la mort, ou mieux l'absence apparente de tout principe actif.

Tour à tour l'Occident et l'Orient s'attirent, se combinent, puis s'embrasent; une étincelle jaillit, seule la matière est restée et continue son mouvement transmuable. Ainsi sera-t-il immutablement. Les Ghenghiz-Khan passent, bruissent, mais ils n'affectent que les couches humaines qu'ils dévastent.

Tandis que le nouveau génie du mal, incarnation

parfaite de la destruction, ce deuxième terme de la Trimourti indienne, renversait, broyait, pulvérisait tout le vieux monde asiatique, il voulait que sous sa domination absolue ne s'élevassent que des États dégénérés sur les débris des grands empires détruits.

Ainsi, tandis que Pé-King asservi acceptait une dynastie mongole, qu'on lui brûlait ses monuments fameux des lettres et des arts, splendides réminiscences d'un passé évanoui, que Samarcande devenait la capitale du monde tartare, en Asie occidentale, les pays intermédiaires formant le centre de cette vaste domination subissaient la cruelle loi du vainqueur : *Væ victis!*

Ces pays indiens souffrirent le plus de l'irruption du torrent du Nord, c'est pourquoi Ghenghis-Khan, croyant les avoir assez écrasés, ne s'occupa-t-il que des ailes, toujours prêtes à se replier au moindre mouvement, afin d'étouffer immédiatement toute insurrection, qui dès lors ne pouvait être que passagère.

Les deux Indes n'avaient besoin que de se ressouvenir de la barbarie et de l'inhumanité des Kalkhas-Mandchoux pour, même à douze cents lieues, redouter leurs fureurs guerrières. Ces superbes contrées s'appaisèrent et cherchèrent à s'effacer pour rentrer dans cette insouciance léthargique, ou mieux dans cette période fatale et glissante qui les a conduites à cette dégénération où l'Europe depuis le seizième siècle les a surprises.

Ainsi, de son observatoire de la Sogdiane, Ghenghiz-

Khan commandait à l'Asie tout entière, tandis qu'il songeait en même temps à relever le gant que, dix siècles auparavant, Alexandre-le-Grand avait jeté à l'Orient, au nom de l'Occident.

La même attraction magnétique les poussait vers des pôles opposés, tous deux voulaient enfanter quelque chose, et tous deux commirent presque le même meurtre de nationalités, avec cette différence toutefois que si le héros de Macédoine détruisait les nations, il savait du moins comprendre que le plus riche butin de sa conquête était les renseignements scientifiques qu'il envoyait de chaque étape à Aristote, son ancien maitre.

Dans l'hypothèse ghenghiz-khanide, faut-il admettre que la conquête des Khmers, ou de la Dwipa orientale, ait été faite par le chef kalkhas lui-même ou par son petit fils Koublaï-Khan? Je crois que cet empire avait assez de renommée pour attirer spécialement l'attention de Ghenghiz-Khan, qui du reste ne se dirigea sur les Indes qu'après son expédition de Corée.

Quoique très-affaibli par la division de ses feudataires, l'Etat khmer traitait encore, même au commencement du treizième siècle, de puissance à puissance avec l'Inde, la Djamp, la Dwipâ et la Chine. Aussi parait-il raisonnable d'admettre que Ghenghiz-Khan en personne, débouchant par le Tong-King occidental, soit venu par la route toute naturelle que lui traçait le Mékong, et à la hauteur de l'ile de Khong, passant devant les montagnes de

Molu-Prey, serait arrivé par la vallée de Stung-Sen jusqu'au massif de Phnôm-Culen, au nord d'Angcor et à quelques heures de cette capitale.

Un de nos savants naturalistes, le docteur Harmand, de la marine, en ce moment à Paris, a fait un trajet pareil, mais en se dirigeant plus au Nord, afin de tomber sur l'An-Nam. Pour exécuter un tel trajet, il lui a fallu un héroïsme sublime, égalant la grandeur de la tâche que le docteur Harmand s'était imposée. Puisse-t-il avoir réussi!

Le docteur Harmand mit quelques mois à faire ce voyage, en sens inverse. Ghenghiz-Khan, avec ses innombrables légions, mit trois ans à se montrer dans l'Inde centrale. C'est juste l'intervalle de temps qui sépare son invasion de son départ de Chine, après sa pointe sur la Corée.

Certes, trois ans ont dû suffire à ce dévastateur pour détruire l'antique domination d'Angcor.

La lutte fut terrible. C'était un duel à mort que Ghenghiz-Khan livrait. Enfin, l'un des plus puissants empires du vieux monde asiatique s'effondra, il resta enseveli sous le sol mouvant qu'il s'était lui-même préparé.

Les Khmers disparurent, ou à peu près, et c'est à peine si les anciens rois descendants des races solaires et lunaires purent conserver quelques provinces avec Angcor détruite.

Ghenghis-Khan était venu avec son aile gauche et le centre de sa grande armée, tandis que sa droite, sous les ordres de son fils, devait le rejoindre dans l'Inde centrale par le Thibet et la vallée de Kachemire.

Ce furent des millions d'hommes qui, de la Chine à la mer Caspienne, se ruèrent sur les Indes et s'entrégorgèrent pour le caprice et l'ambition d'un chef de barbares du Nord.

C'était pour l'Asie un mouvement identique et parallèle à celui qui avait détruit les vieilles sociétés de l'Occident. C'est toujours de l'Orient que se lèvent, comme le soleil, les réformateurs quels qu'ils soient.

Ces chutes, comme ces *reconfections* d'empires, nous prouvent la loi des absorptions humaines. C'est ainsi que le grand du passé tombe, disparait et meurt devant le grand du présent qui, lui-même, s'absorbe dans le grand de l'avenir. Les hommes oscillent entre les infiniments grands et les infiniments petits, simple question *a priori* ou *a posteriori*. Ils subissent le principe des créations, en vertu duquel procèdent les démiurges de peuples.

IX

2ᵉ PROPOSITION DU DILEMME HISTORIQUE.

Si l'hypothèse de Ghenghiz-Khan ne pouvait prévaloir, il faudrait se reporter alors du troisième au quatrième siècle de notre ère, c'est-à-dire aux grandes migrations de l'Asie méridionale. Celle-ci, en mal de religions, à cause des luttes du grand et du petit véhicule (cette grande scission qui s'est établie et surtout affermie, à cette époque, dans le bouddhisme), ainsi que la Chine, eut à subir de sérieuses invasions des peuples du Nord, vers l'époque où Mahomet, assez contempteur de son espèce, jetait les bases d'une des religions les plus dégradantes.

En tous cas, Angcor date de plus haut; ses bas-reliefs et ses frises portant la double empreinte de la couche brahmanique et de la couche bouddhique, en sont l'éclatante preuve.

Les invasions par migrations se font par intermittence; elles ne sont pas aussi fatales et tellement désastreuses que rien ne leur survit. C'est par droit de substitutions qu'elles procèdent. Il n'y a que les grandes invasions, comme celle des Aryas et de Ghenghiz-Khan qui refoulent et dévorent tout ce qui n'est pas dans leur centre d'activité et pourrait nuire ou causer quelques embarras.

Nous n'avons nullement à nous préoccuper, je le crois, de la fable du roi lépreux. En son temps nous la ferons connaitre et la discuterons.

Je n'ai insisté tant sur la fondation et la chute d'Angcor, que parce que je suis convaincu que parler d'une capitale, telle que Ninive, Babylone, Thèbes et Memphis, c'est implicitement mettre en jeu l'empire lui-même, dont elle a été comme le critérium de toutes les forces vives.

L'histoire positive et rationnelle se refuse à admettre dans son domaine ces légendes indoues qui sortent de la logique; toutefois elle cherche à y puiser les coordonnées qui lui permettront d'assigner l'état, le lieu et la place des sociétés qu'ont amené les diverses civilisations qu'elle nous a fait connaitre, et ont abouti à celle des races modernes.

X

**Le dernier mot est a l'archéologie et a la linguistique.
MM. Faraut et Aymonier.**

Le dernier mot sera donné par les études archéologiques et de linguistique qui pourront se faire d'après les épaves du peuple-roi qui a commandé du Bengale à la mer de Chine.

Il faut attendre beaucoup des études que M. Faraut a faites sur la langue parlée et écrite des Khmers.

Sa position actuelle auprès du roi du Cambodge le mettra à même de continuer son œuvre. Il a parcouru tout le pays khmer, a vu toutes les ruines occidentales et en a pris des plans, fait des devis, et relevé quelques dessins. Il fut l'une des principales chevilles ouvrières de la mission de M. Delaporte pour le musée khmer de Compiègne (1).

M. Aymonier, lieutenant d'infanterie de marine, professeur du collége des *stagiaires*, à Saïgon, a fait des travaux sur la langue cambodgienne qui seront également d'un très-grand secours. Il la parle et l'écrit parfaitement; c'est un de nos inspecteurs les plus distingués.

---

(1) M. Faraut, pour un travail géographique et archéologique sur la Cochinchine et le Cambodge, vient d'être fait chevalier de l'Ordre Royal de Charles III d'Espagne.

Dans le cours de ce travail, je ne négligerai nulle information qui pourra apporter quelque lumière à cette nuit profonde qui nous entourera longtemps encore, et semble couvrir, comme un linceul de mort, l'un des quatre grands empires de l'Asie.

XI

Hypothèse de M. Moura sur les invasions de l'Inde.
Ses travaux.

Avant de terminer ce premier chapitre, je dois parler de l'hypothèse de M. le lieutenant de vaisseau Moura, notre représentant du Protectorat français au Cambodge depuis 1868. Sa haute situation dans le pays l'a mis à même de découvrir et de grouper tous les éléments qui peuvent polariser, si je puis m'exprimer ainsi, toutes les probabilités possibles admises, dont il a pu s'entourer dans ses savantes recherches.

Souvent ensemble, nous avons échangé certaines opinions sur cette riche contrée du Cambodge, les unes et les autres, même quand elles différaient, n'en étaient pas moins très-fondées.

M. Moura, tout d'abord, croit aussi à une invasion qui, partant de l'Inde centrale, aurait refoulé les races autochtones. Celles-ci se seraient enfuies vers les massifs de montagnes dont la chaîne porte leur nom. Puis, à un moment donné, ces vaincus d'hier, les Moïs en un mot, auraient fait un retour offensif et vainqueur, auraient reconquis leurs droits et renversé ces Hycsos de la péninsule indo-chinoise. Ceux-ci asservis, pourchassés même, ou se seraient mélangés à leurs nouveaux vainqueurs, ou auraient fui dans toutes les directions.

Ce serait de cette fusion si vigoureuse des deux races que descendraient les Khmers, et dont les Cambodgiens de nos jours ne sont, hélas! qu'une ombre même très-fugitive.

De telle sorte, les tribus sauvages et nombreuses de l'Indo-Chine seraient les descendants directs et presque de race pure des premiers conquérants. Ces descendants d'Hycsos transgangétiques, suivant la loi des milieux, auraient subi les modifications de race que j'ai constaté dans tous mes voyages à l'intérieur.

Les renseignements anthropologiques que donnera le docteur Harmand pourront, à cet égard, fournir les plus précieux matériaux à la science, ils viendront confirmer, peut-être, l'opinion que M. Moura a cru devoir formuler.

Les divers travaux de ces deux hommes, d'un mérite et d'un courage dignes de tous éloges, viendront apporter quelques éclaircissements sur les données qui auront été recueillies. Ils jetteront un jour nouveau sur les recherches que nos successeurs auront à faire pour montrer à la France les riches contrées dont les destinées lui sont désormais confiées.

CHAPITRE II

I

ASPECT PHYSIQUE DU PAYS DANS SON ENSEMBLE.

En venant de la Basse-Cochinchine pour se rendre au Cambodge par la voie d'eau, qui n'est autre que le *Grand fleuve*, on remarque que celle-ci traverse un sol d'alluvion de récente formation. A mesure qu'on approche de P'hnum-Penh, on constate la sensible élévation que subissent les rives du fleuve et les couchés stratifiées des divers terrains, presque toutes déposées là par stratification concordante par les eaux. A droite et à gauche se développent, sur de vastes étendues, d'immenses plaines de mûriers, d'indigotiers, de tabacs et de cotonniers courte-soie, très-prisés en Chine (1). Les deux bras du fleuve de Bay-P'hnum et de Sroc-Tram, jusqu'à P'hnum-Penh, offrent le même aspect. Ces trois provinces sont basses, marécageuses et malsaines vers la Basse-Cochinchine ; elles vont en s'exhaussant considérablement

---

(1) Ce sont les cotons *dits de Chine* qui se vendent sous cette dénomination au Havre, aux usines de Rouen et de Saint-Etienne du Rouvray, etc.

3

à partir des douanes de Bin-Gi. Vers l'E. commencent, à cette hauteur, de vastes forêts qui vont rejoindre la chaîne des Moïs, qu'elles suivent sur plusieurs centaines de lieues jusque dans le Laos. De juin à novembre, les plaines sont inondées ; alors a lieu leur fertilisation.

De P'hnum-Penh au Tale-Sab (grand lac), par le Tonly-Sap, on parcourt la plus belle vallée. Les pays riverains très-étendus y sont seuls cultivés, comme cela du reste a lieu par tout le Cambodge. La navigation, dans le Tonly-Sap, par un temps légèrement sombre et avec une légère brise, est des plus agréables. A partir de l'entrée des nombreux bras du petit lac, on se croirait transporté sur le Rhin, car les rives du Tonly-Sap sont aussi ravissantes, moins les somptueuses hôtelleries. Mais, à défaut de celles-ci, on y remarque les plus jolis oiseaux aquatiques par bandes innombrables, des troupeaux de bœufs et de buffles sauvages ou domestiques, des cerfs, et dans les touffes de bamboux gigantesques toutes les superbes variétés des oiseaux du tropique. Trop souvent aussi apparaît l'importun habitant de ces ondes, le caïman.

Quand on arrive dans le petit lac, les rives changent d'aspect, elles s'abaissent ainsi que celles du grand lac, et, pendant la saison sèche, sont à peine couvertes d'une végétation qui rappellerait trop celle des palétuviers. Dans la partie orientale dominent, au loin, les montagnes de Fer de Compong-Soaï, couvertes de sapins, tandis qu'à l'O. s'étendent les fertiles provinces de Battangbong à Siam, et de Pursat

au Cambodge, et enfin, au N., on aperçoit la province
d'Angcor avec les imposantes ruines de ce nom,
et qui est non moins fertile que toutes celles que Siam
a prises, contre tout droit des gens, dans la grande
guerre de 1835. Les provinces feront bientôt retour à
leur pays légitime.

II

DÉNOMINATIONS DIVERSES.

D'après les relations plus ou moins suivies que
l'empire khmer eut avec différents peuples, il reçut
d'eux plusieurs dénominations : celle de Khmer
ou Maha-Nocor-Khmer (*puissant royaume Khmer*),
parait être la plus autochtone. On ne la trouve
que dans les traditions anciennes. Les Chinois
lui ont donné le nom de Camputchea, qui, du reste,
aurait prévalu dans la langue officielle des souverains actuels, toujours très-portés à accueillir cet
élément monopolisateur ou à peu près de tout le
commerce du royaume.

Les Annamites désignent ce pays sous la déno-
nation de Kao-Men; les Siamois ou Thaïs en ont tiré
Khamèn, Xat-Khamèn, Mûang-Khamen et Xao-
Khamèn; enfin, les Malais, ces industrieux tra-
fiqueurs de la presqu'ile de Malacca, dont Singapore
est la clef, l'ont appelé Cambodia. Ce dernier nom
a prévalu chez les Européens; les Anglais l'ont même
conservé à certains produits spéciaux propres au
pays; telle est la « gum-gamboge » ou gomme gutte,
que l'on retire avec abondance des forêts du haut
Cambodge et de la province de Pursat.

III

Le royaume du Cambodge est compris actuellement dans une espèce de trapèze.

La plus grande base est tournée vers le Nord, tandis que l'autre regarde le Sud. Les deux autres côtés sont les projections des diverses lignes brisées constituant les limites oriento-occidentales.

La ligne de plus grande base part de la chaîne des Moïs vers 13° 35' de lat., et 104° de long. mérid. de Paris, pour tomber sur le golfe de Siam par le nord du Tonly-Sap ou grand lac d'eau douce, après avoir passé, par conséquent, au sud d'Angcor-Vat et de Battang-Bong.

Celle de la petite base partirait aussi de la chaîne des Moïs, entre 12° 16' 24" de latit. nord et 104° 28' 03" de long. mérid. de Paris, traverserait plusieurs cours d'eau importants, affluents du Donaï (riv. de Saïgon), rencontrerait le premier bras du Mé-Khong, au sud de la montagne de Bay-Phnum (1), entre 11° 6' 15" de lat. et 102° 43' 16" de long. E. du mérid. de Paris, et le deuxième bras au N. de Chaudoc, entre 10° 57' 05" de lat. et 102° 36' 12" de long., pour, de là, filer sur le golfe de Siam, où elle vient tomber dans une jolie petite baie, en face de la grande montagne de l'île de Phu-Quoc, au N. O. d'Hatien,

---

(1) *Bay,*   en cambodgien, trois.
    P'hnum,   —   montagnes.

à peu près sur le milieu de la route de cette dernière place à Kamput, soit entre 10° 24' lat. N. et 102° 15' de long. E., mérid. Paris.

Les deux côtés du trapèze sont représentés :

1° A l'est par la ligne qui joindrait les points extrêmes des deux bases en cette direction et se dirigerait sur la ligne de faîte des montagnes des Moïs ;

2° A l'O. vers la mer de Siam, par la projection horizontale de la courbe convexe qui unirait les extrémités des bases dans la direction de l'O. S.-O., en franchissant les monts de Kamput et tous autres embranchements de la chaîne laotienne.

Chaque côté, ainsi défini, peut avoir une longueur variant de 300 à 350 kilomètres.

Ce trapèze nous donne donc pour limites :

Au N., le royaume de Siam par les provinces laotiennes, celles d'Angcor, de Battambong, de Molu-Prey et d'Angcor-Borey ;

Au S., la basse Cochinchine française ;

A l'E., la grande chaîne des Moïs qui le sépare de l'empire d'Annam par les provinces du Tsiampa, du Bin-Thouan, de Na-Trang et de Phu-Yen ;

A l'O., le golfe ou mer de Siam, dont la côte orientale est toute parsemée d'îles appartenant ou à la France ou au Cambodge.

Dans ses limites actuelles, comme on le voit, le Cambodge est bien loin de répondre à ce vaste empire qui nous est révélé ; mais, ainsi réduit à sa plus simple expression, il peut devenir un état producteur et industriel par excellence, et, par conséquent, espérer un grand avenir. Tout semble l'y porter ;

la richesse de son sol, sa situation particulière, la diversité de ses produits et la facilité des transactions commerciales et industrielles que le protectorat de la France lui a procurée avec une paix durable et réparatrice (1).

Commençons par dessiner son contour maritime.

La côte cambodgienne partant, comme nous l'avons marqué, du nord d'Hatien fait, jusqu'à la frontière siamoise, une convexité fortement échancrée, çà et là des baies s'avancent bien avant dans les terres. A partir de Kamput, elle est couverte d'îles ou d'îlots formant l'archipel de Hastings et du Cambodge. Toutes ces îles sont d'une fertilité merveilleuse. La plus grande, Phu-Quoc, qui appartient à la France, renfermerait même, d'après nos missionnaires, un gisement de charbon de terre (2).

La navigation dans ces parages est difficile; on ne peut y naviguer avec un navire d'un certain tonnage, qu'à une distance de plusieurs milles de la côte, qui, presque partout, est dangereuse à aborder avec un gros temps. La rade de Kamput est la seule qui reçoive des navires européens venant charger des cotons, des poivres, des gommes, des bois, etc.

---

(1) Il faut espérer que la dernière guerre civile de Si-Wata va bientôt être étouffée, et que ce sera la dernière.

(2) Ces notes, écrites en grande partie en 1869, laissent subsister une idée sur ce gisement, qui paraît n'être nullement fondée, d'après les recherches qui ont été faites, à leurs dépens, par plusieurs de nos colons. Pourquoi aller chercher à Phu-Quoc, en pleine mer, ce que le haut Mé-Khong offre si avantageusement. En toute exploitation, il faut toujours tenir compte de la question de transports faciles et de celle des *transbordements surtout*.

IV.

ASPECT PARTICULIER DU GRAND FLEUVE DE PHNUM-PENH AU LAOS.
L'ÎLE DE CA-SUTIN. — CULTURE DU COTON. — MONTAGNES
BLANCHES KAOLINIFÈRES. — KAU-LIN OU ARGILE BLANCHE.

Je vais transcrire ici purement et simplement le journal de mon voyage de 1876, ayant perdu dans un naufrage celui de 1867.

C'était le 28 octobre 1876; nous partîmes avec « l'*Hirondelle*, » yacht du roi, que Sa Majesté Norodom avait mis à ma disposition.

Le but du voyage était la recherche des *Montagnes blanches kaolinifères* et leur prise de possession par moi, puisque le roi me les concédait, pour notre usine mécanique de briqueterie-tuilerie. Je dis notre, parce que le roi était mon associé.

A moi s'étaient joints l'ingénieur en chef du roi, M. Thérond, [des ponts-et-chaussées de Saïgon, et un grand chasseur, M. Hünter, tous deux mes amis, enfin mon employé français qui, de chauffeur de la marine, était entré chez moi comme mécanicien.

A 2 h. 45', je donnai le signal du départ, et nous quittions le pavillon des bains réservé aux femmes du roi. Nous nous dirigeâmes sur la pointe de la Douane et entrâmes dans le grand fleuve à 3 h. 10'.

Vers 3 h. 40', nous doublions les îles de Sach-Candâl et d'*Athnéa-Thé* (1); celle-ci est inondée

---

(1) Tous les noms d'îles, de villages, etc., en italique, ne sont marqués sur aucune carte, jusqu'à ce jour.

quatre mois environ de l'année, pendant lesquels des bateaux d'un certain tonnage peuvent passer dessus.

A 3 h. 50', à l'extrémité de Sach-Candâl, nous apercevons sur la rive droite un village important, non marqué sur la carte et qui peut bien avoir 7 milles de longueur.

Nous rencontrons des barques chargées de pèlerins, qui reviennent pieusement de la pagode de Sach-Candâl, située à environ 12 milles de P'hnum-Penh.

A 4 h., nous doublons l'arroyo de Pouk-Rosey (*bamboux pourris*), situé sur la rive gauche, à 14 milles. Cet arroyo n'est navigable qu'aux hautes eaux, et se dirige alors par le N.-O.-S. jusqu'à Srey-Santhor, dans la province de ce nom, et aboutit à une vaste plaine où il forme un grand lac qui s'étend jusqu'à Mot-Kasa, mission catholique importante, où fut malheureusement égorgé le R. P. Barreau, par les Phu-Cambistes, en 1866 (1).

Cette vaste plaine, derrière Pouk-Rosey, est un rendez-vous de chasse très-agréable: mon ami Hünter avec Luc Corban y ont chassé le paon et le gros gibier. On y trouve aussi tout le gibier d'eau.

En face du grand banian de Pouk-Rosey, sur l'autre rive, est un village très-important; on l'appelle *Prey Anchank*.

Depuis P'hnum-Penh jusqu'à Pouk-Rosey et à

---

(1) Phu-Cambo était un prétendant à la couronne qui, de 1866 à 1867, soutint la guerre civile contre le roi Norodom et la France.

Son histoire et celle du prince rebelle Si-Vata, seront l'objet d'un ouvrage spécial.

Prey-Anchanh, ce ne sont sur l'une et l'autre rive que cultures de maïs, de tabac et de mûriers. Toutes les cases sont entourées de barrières, à cause des visites importunes des fauves.

Le terrain de la rive gauche est inondé d'août à novembre.

A 4 h. 30', nous sommes en vue de la guérite de droite du télégraphe, qui, en face de Trémak, passe le fleuve pour courir sur Tay-Ninh, par l'E.-S.

A 4 h. 50', nous doublons les deux guérites blanches télégraphiques, et nous mettons le cap sur la rive droite, en face de Trémak : nous sommes à 17 milles de P'hnum-Penh.

La rive gauche est admirablement cultivée et possède des arbres de haute futaie, et quantité de bamboux. La rive droite est moins bien cultivée.

A 5 h. 10', nous passons devant *Chrouy-Mitrey* (1) (rive droite) et doublons la pointe A, qui se distingue par le massif de manguiers énormes cachant le village *Chrouy-Mitrey*. A partir de ce point, apparaissent des troupeaux de bœufs et de buffles.

Au-dessus de la pointe A, à un mille du village, se trouve un marché de bamboux, très-approvisionné. Nous longeons la rive à 10 mètres.

A 5 h. 30', je dis à mon sarang (sorte de patron à bord de l'*Hirondelle*) de marcher sur l'île de Cô-Charam, puis nous filons sur la rive gauche par la pointe le l'île Aka-Kong. Nous doublons la pointe Cô-Charam à 5 h. 38', et à mesure que nous appro-

---

(1) *Chrouy* : pointe; *Trey* : poisson; *Mi* : chef.

chons de la rive gauche, se détache à notre droite derrière Cô-Charam, et au milieu d'une vaste plaine de bamboux, un immense mamelon qui a nom de *P'hnum-Bachey* et qui est pourvu de gros gibier et autre. Notons en passant la grande pagode de ce nom, remarquable par son portique rappelant Angcor et Vat-Nocor.

Sur la rive gauche que nous longeons, se montre un village chinois, non marqué sur la carte, très-important cependant. Il est tout palissadé.

On y cultive le bétel, le cotonnier et le mûrier; il y a quantité de bamboux. Sur les deux rives le sol est sablonneux.

Remarquons, en passant, que partout les cultures de cotonniers et de poivriers sont faites généralement par les Chinois.

Ce n'est guère que plus haut, vers Mong-Dop (dix poules) qu'apparaissent les cultures de coton sur une très-vaste échelle. La rive de ce village fait une curieuse ondulation de terrain. Elle paraît être élevée de 7 à 8 mètres, mais à 700 mètres plus loin elle s'abaisse.

Pendant la saison sèche on ne peut naviguer d'une rive à l'autre, c'est une sorte de lagune sableuse, qu'on peut traverser presqu'à pied sec à 25 mètres de la rive droite. En janvier 1868, je n'ai pu franchir cette passe de Co-Charam, même avec un bateau très-léger. C'est à peu près à cet endroit que le vapeur l'*Attalo*, des messageries de] Conchinchine, s'était échoué le 19 février 1877, avec le corps d'expédition militaire commandé par M. Grandclément, de l'infanterie de marine. Ce commandant se rendait à Kaï-Mé-Rich, en face de Co-Sutin, pour marcher sur Bay-P'hnum, et attaquer de front le prince rebelle Si-Yata, en lui coupant la route de Compong-Soai. La flottille royale vint prendre nos troupes et les transporter avec deux de nos canonnières à l'endroit convenu.

Nous parlerons de cette expédition plus loin. J'en fis partie, elle faillit me coûter la vie; elle fut désastreuse, comme conséquences, pour notre corps expéditionnaire, qui a été décimé par les maladies. Nos officiers eux-mêmes en souffrirent beaucoup. — Continuons notre route.

A 6 h. nous abandonnions Cô-Charam, et, passant en face du village de Ta-Ka, nous pûmes apercevoir une pagode de premier ordre, nous sommes à 23 milles de P'hnum-Penh, et à 7 milles de Chrouy-Mitrey.

Le village de Tarey, à 6 h. 20', est doublé. Déjà la nuit humide abandonne les cieux, et les astres radieux à leur lever, avec la lune qui apparait à 7 h. 30', semblent nous inviter non au sommeil, mais au spectacle grandiose d'une belle nuit sous les tropiques. Nous dînâmes à 7 h.

Vers 7 h. 45', en passant à Ténot, nous primes un pilote cambodgien. Tandis que sur le dos de cette vaste nappe liquide, qui se déroule devant nous, s'avance légère et coquette la superbe *Hirondelle*, à peine effleurant les eaux, mon ami Thérond fait entendre sa puissante voix, et, s'aidant de son *harmonium* (1),

---

(1) Nous avions embarqué cet instrument recréatif.

envoie aux échos sylvestres les notes et les modulations les plus ravissantes.

Jamais le Mé-Khong n'entendit une telle harmonie; les plus grands opéras furent passés en revue, jusqu'à minuit. C'est à peine si nous nous aperçûmes d'un accident d'échouage qui nous survint après Assay-Sroc, vers 9 h. 20'. Il nous fut facile de nous déséchouer, en marchant sur la rive droite.

Constatons qu'à cette époque, en octobre, les bancs de sable commencent à envahir le lit du fleuve, au point que vers janvier, et jusqu'aux pluies en mai, c'est-à-dire au fort de la saison sèche, ces bancs sont entièrement à découvert.

Notre ensablement dura à peine cinq minutes, et nous pûmes continuer notre route. Quelques libations à Gambrinus nous rendirent les divinités du fleuve désormais favorables.

A 11 h. 15', nous étions dans le goulot de Co-Sutin, et à minuit et demi nous pouvions mouiller en face de la ferme d'opium et des eaux-de-vie de riz.

Les astres, à leur déclin, nous invitèrent au sommeil. Bientôt tout fut tranquille à bord de *l'Hirondelle*. On mit bas les feux et l'on n'entendit plus rien que la vapeur qui s'échappait avec des sifflements aigus et stridents. Puis tout à coup régna un calme absolu.

V

Co-Sutin.

Le lendemain, 21 octobre, aux approches du soleil levant, vers 5 h. 40', Thérond, Hünter et moi allâmes à Co-Sutin, pour visiter, en ce point cette île fameuse du coton. J'avais donné des ordres à mon mécanicien et au sarang d'allumer les feux à 7 h. 30', afin d'avoir à 9 h. la pression et être prêts à lever l'ancre.

Durant notre promenade, et, suivis des principaux Chinois du pays, nous recueillimes les plus utiles renseignements.

A cette date, les plages sont fertilisées, et bientôt les eaux se retirent progressivement mais lentement.

Au fur et à mesure de leur retraite, on ensemence de cotonniers les rives riches en limons. Les semences avaient commencé, en 1876, dès le 25 septembre. J'ai compté des touffes qui contenaient 6, 7, 9 et jusqu'à 12 plants. Entre chaque touffe il y a deux coudées de distance. Dans les intervalles ont été semés des petits haricots verts et ronds, pour abriter les jeunes plants de cotonniers. Les Chinois font un grand commerce de ces haricots sur les marchés de Sadec, de Chaudoc, de Vinh-Long, de Mytho et de Cholen, d'où ils sont expédiés en Chine, en grande partie.

Sur la pente de la rive essentiellement sableuse, nous avons remarqué des semis d'indigotiers faits aussi par touffes. Ils levaient après 3 et 4 jours de mise en terre.

La flore, dans l'île de Co-Sutin, s'y montre d'une vigueur excessive. Sa population, essentiellement productrice, est composée principalement de Chinois et de leurs femmes an-namites. Tout le monde est dans l'aisance; il y a de nombreuses familles qui s'ébattent au milieu d'une abondance parfaite. Le contentement, le bonheur et le travail sont partout. Ici nulle trace de la guerre civile qui désole le Cambodge depuis un an.

J'ai visité plusieurs maisons. On se plaignait des tracasseries des mandarins du Roi, mais on m'assurait que l'on ne payait que la dîme royale, soit un dixième. Cette dîme, sur tous les cotons du Royaume, d'après le dernier relevé des douanes cambodgiennes que m'a envoyé notre représentant à Phnôm-Penh, est, en 1877, de 3,117,120 kilos de coton non égrené, ce qui constitue pour le roi Norodom, sur ce chef, un revenu de 1,297,500 francs environ. Ce revenu pourrait être décuplé et bien au delà, si on y appelait les Tong-Kinois. La vallée du Mékong est de beaucoup plus riche que celle du Nil, et plus vaste.

La grande culture au Cambodge est faite, ainsi que je l'ai noté plus haut, par les Chinois, qui se dirigent patriarchalement entre eux. Leurs femmes sont heureuses; presques toutes ont une beauté plastique remarquable. Les croisements de race sont toujours très-réussis.

Nous sommes de retour à bord, vers 9 heures. Le sarang me demanda d'aller à terre prendre les provisions que j'avais achetées à la ferme des eaux-de-vie de riz pour l'équipage, je le lui permis, à la condition expresse de défendre aux hommes de ne faire aucune réquisition, bien que ce fut un vapeur du roi et qu'ils fussent des marins au service royal. Je voulais tout payer, pour laisser de bons souvenirs, et parce que je ne saurais approuver ces réquisitions forcées et pillardes que commettent les soldats du roi et *la plupart de tous ceux qui sont à son service,* lorsqu'ils voyagent dans l'intérieur.

Enfin, tout fut *paré* à 9 h. 30', je fis lever l'ancre aussitôt, et nous filâmes de suite sur le gisement de kaulin des collines de Stung-Trang.

Nous laissons sur la rive gauche, toute couverte de jungles et de broussailles, le village de Bat-Lop, en face Co-Sutin. Vers 10 h., nous doublions la pointe septentrionale de l'île où nous remarquâmes des troupeaux nombreux de buffles. Dans cette passe il y a encore de l'eau, mais, dans la saison sèche, il serait imprudent de s'y aventurer avec une canonnière. L'*Hirondelle* ne calant que 0^m 80, ne pourrait s'y engager que très-prudemment, et encore faudrait-il qu'elle longeât de près la rive gauche et qu'elle observât parfaitement les changements de direction des bancs de sable.

Le lit du fleuve est tout sableux, à partir de Co-Sutin.

A 10 h. nous arrivons sur la rive droite, en face du village malais de Compong-Chéam. C'est de là que l'on se rend, par une route perpendiculaire, à la rive aux fameuses ruines de Vat-Nocor (temple du royaume) (1). On aperçoit, dans le lointain, trois montagnes ou monticules dans la direction du N.-O., d'où l'on a extrait les pierres qui ont dû servir à l'édification de Vat-Nocor. Ces trois montagnes ne figurent pas sur les cartes.

----

(1) C'est de ces ruines, y compris celles-ci, que part mon immense concession des montagnes blanches de kaulin.

Compong-Chéam, est bien habité. Les cultures que nous connaissons y prospérent. Les maisons *malaises* sont construites à 8 milles, au delà de la rive du fleuve. C'est un centre qui élève beaucoup de bœufs et de buffles.

Depuis Assey-Sroc jusqu'aux *Rapides*, sur les deux rives, on cultive avec succès le coton, les terrains vagues précédant les immenses forêts qui se perdent dans l'intérieur sont moins étendus et utilisés pour cette culture.

Nous longeons Compong-Chéam et laissons à gauche Dong-Màu. En ce point la rive droite empiète sur celle de gauche, qui se dégarnit et s'effronde. Nous remarquons, en effet, quantité d'arbres renversés, déracinés, des champs de bananiers à moitié disparus, par suite d'éboulements dans le fleuve. L'action combinée des eaux et des agents atmosphériques, lors des inondations annuelles, apporte à la rive droite les alluvions que le fleuve charrie ou qu'il enlève à la rive gauche.

Entre la ville de Compong-Chéam et le village chinois Chien-Tapeng, nous signalons, à 10 h. 50', la présence de la case que l'on construisit en 1875, en l'honneur de la visite que l'amiral-gouverneur d'alors fit dans le *Grand-Fleuve*.

Nous doublons, à 11 h. 15', l'île de Som-Rong (1), presqu'entièrement cultivée de coton. Elle est très-longue et peu large. A mesure qu'elle passe devant

---

(1) Som-Rong veut dire : haricot à fleur rouge, Il a june odeur d'excrément humain.

nous, il est certes facile de voir en quantité des cultures de mûriers, d'indigotiers, de bananiers et de cotonniers arborescents. Il y pousse une espèce de roseau qui pourrait parfaitement servir à faire du gros papier paille.

Au N., l'ile de Som-Rong présente un phénomène remarquable, cette partie septentrionale renfermant des roches altérables par les eaux a été sensiblement modifiée, au point de former dans l'ile même une anse ou un golfe, et des marécages. On y rencontre en abondance le gibier aquatique, et une pêcherie renommée.

Depuis Som-Rong, les deux rives sont cultivées.

Il est midi, je fais stoper pour m'informer d'une jonque, qui portait à la fois pavillons de guerre et de paix. Je fis venir les bateliers de la jonque à mon bord, et m'informai de leurs faits et gestes. Ils m'apprirent qu'ils étaient des gens du mandarin Keng-Seng-Krém, de P'hnum-Penh, allant à la rencontre du deuxième roi. — Je les laissai passer.

Il est bon de faire observer qu'en ces temps de troubles intérieurs il n'était pas inutile d'agir prudemment.

Midi viennent de battre à bord, quand nous laissons le dernier village avant d'arriver à Paém-Che-long, nous longeons, à la toucher, la deuxième ile de Som-Rong.

Un quart d'heure après, quittant l'extrémité nord de Cô-Som-Rong, nous marchons sur la rive gauche vers une masse blanche, qui n'est autre que du calcaire.

En ce point, l'aspect du Mé-Khong est réellement grandiose, jusqu'au Laos et au delà. De chaque côté du fleuve, sur presque toute sa longueur, s'étendent de vastes jardins de cotonniers et d'autres cultures exotiques, des terrains vagues, servant de pâturages aux alentours des villages, des brousses, et enfin, au delà de ces brousses, d'immenses et impénétrables forêts d'essences précieuses enchevêtrées de lianes énormes aux fruits et à l'essence vénéneux. De chaque bouquet de verdure s'envolent à notre approche des bandes de perruches criardes, de pigeons verts, de rolliers, de paons, de martins-pêcheurs au plumage bleu azuré, et d'oiseaux aux espèces les plus variées. Sur tout le parcours du Mé-Khong, surtout à partir de Co-Sutin, et à l'embouchure des affluents se montrent de hideux caïmans ou crocodiles, qui sortent leur horrible tête de l'eau sur laquelle sont fixés deux yeux glauques et gris. Ils suivent un instant notre petit vapeur. Aux remous du courant tournaient, couchés sur le dos, des cadavres de buffles, d'éléphants, de caïmans et d'autres animaux, qui déjà entrent en putréfaction, mais que des oiseaux de proie, d'ignobles vautours au cou et aux pattes écarlates, déchiquetent avec rage à grands coups de bec.

Rien de la matière ne se perd dans ce vaste cercle des trois règnes de la nature dans lequel, la *matière* circule sans cesse et se métamorphose en passant du minéral à la plante et de la plante à l'animal, pour revenir à son point de départ. Ainsi se trouve établie et entretenue l'unité de composition entre les corps inertes et les corps organisés.

Enfin nous voyons, vers 11 h. 30', dans l'horizon lointain, s'élevant à pic sur le fleuve, les *Montagnes-Blanches*.

Vers midi 35', nous arrivons en face de Paem-Che-long. En ce point nous doublons l'arroyo de ce nom qui, suivant le 12° degré de latitude, se rend dans la province de Bay-P'hnum et aboutit aux lacs de Sach-Sâar.

Les deux rives sont cultivées avec soin, nous descendons à terre, et je vais constater un magnifique gisement d'argile blanche et grise qui semble être l'assise des terres riveraines.

Partout on aperçoit une flore puissante, il y a des essences de bois très-recherchées.

Dans les collines boisées qui s'étendent de Cra-Soc à Sambor-Couley, on a le plus beau gibier, toute la famille des faisans et des paons, puis d'énormes san-gliers, le cerf, le léopard, la panthère, le tigre, l'éléphant, le rhinocéros, etc. etc. (1).

Sur la droite de l'arroyo de Paem-Chelong, on remarque un arbre gigantesque autour duquel étaient les cases et le campement du deuxième roi qui, dès hier, a dû s'avancer sur Kré-Ché, au devant du prince rebelle.

Au-dessus de la couche argileuse, l'aspect des rives est d'un blanc-gris très-foncé.

---

(1) Ces collines font partie de ma concession.

En face de Paém-Chelong, nous filons droit sur les collines boisées à notre gauche. Tout le long de la rive ce ne sont toujours que cultures riches, belles habitations, arbres de haute futaie, des troupeaux innombrables de buffles. Partout une végétation luxuriante qui rend ces forêts impénétrables. La rive s'élève à 20 mètres, s'abaisse et se relève encore.

A 1 h. 30', nous passons devant P'hnum-Hanchey. Ce contrefort de montagne se développe sur plusieurs lieux. Aux eaux basses il laisse voir sur la plage des blocs de granit de 2 mètres cubes. Ce ne sont pas des blocs erratiques, mais plutôt des morceaux qui se sont détachés du contrefort, sous l'action dissolvante des eaux du Mé-Khong.

Il est 2 h. 20', lorsque nous laissons sur la rive gauche, le village de *Mi-Sââ* (femme blanche). Le gouverneur nous salue et nous invite à descendre, mais nous ne pouvons nous arrêter, désirant arriver promptement aux gisements kaolinifères.

La rive droite est plus basse que celle de gauche, qui s'élève à 10 mètres, mais d'un côté comme de l'autre apparaissent des cultures riches, bien soignées, des cases en bon état et beaucoup de bœufs.

A cette hauteur de *Mi-sââ*, le fleuve a une grande largeur de 1,800 mètres.

Depuis l'île de Co-Sutin, nous avons remarqué par tribord comme un immense rideau de bamboux.

Jusqu'à *l'arroyo de Mi-Sââ* que nous doublons à 2 h. 30', les bords du fleuve sont réellement enchanteurs, il y a les sites les plus charmants qu'environnent les cultures riches en plein rapport.

Il est 2 h. 40', quand nous trouvons, à 2 milles au dessus de *Mi-Sââ*, deux gisements de carbonate de chaux. L'exploitation en serait facile, ces roches étant situées à pic, sur le fleuve. Ces gisements de calcaire s'étendent sur une longueur de 250 à 300 mètres. Il y a en apparence trois gisements qui, par le fait, n'en font qu'un. Leur hauteur est de 6 mètres à cette époque des hautes eaux, mais elle atteindra 12 mètres aux basses eaux.

VI

MONTAGNES BLANCHES DE KAU-LIN OU ARGILE BLANCHE. CONCESSION THOMAS-CARAMAN — KAU-LIN (1).

Il est 3 h. quand se montrent devant nous les monticules kaolinifères. Bientôt nous doublons la maison de M. Garcerie (1).

La rive droite a une teinte d'argile jaunâtre. Elle est entièrement constituée de pâtes terreuses, que j'appellerai céramiques. J'ai observé et analysé les matières qui entrent dans leur composition d'une manière générale. J'ai reconnu que c'étaient des

---

(1) Je conserve l'orthographe indigène de kau-lin, puisque c'est un mot chinois.

(1) M. Garcerie est un colon très-distingué qui a fait des études supérieures, et s'est adonné aux affaires. Il a une très-vaste entreprise dont nous parlerons plus loin. Il s'agit de l'exploitation des mines de fer de Compong-Soaï, dont il a la concession pour 15 ans et plus.

substances éminemment plastiques quand elles étaient imbibées d'eau.

A mesure que nous nous éloignons du poste d'observation de M. Garcerie, les montagnes de la rive s'élèvent à plus de 50 mètres, leur versant N.-O. est entièrement boisé, et l'on y trouve des essences de première catégorie.

La rive gauche n'a plus que 1 ou 2 mètres d'élévation, mais elle est comme celle de droite, couverte de coton et, derrière les cotonniers, de bamboux gigantesques. De chaque côté on voit d'immenses troupeaux de bœufs paissant tout à leur aise.

A 3 h. 10', nous nous trouvons en face des *montagnes blanches*, dont la surface est couverte d'une terre blanche rougeâtre. *Ce sera dans des carrières assez profondes, au cœur de ces montagnes*, qu'on trouvera le *kau-lin*. Il y sera en masse homogène.

Le pied de ces montagnes kaolinifères est d'un blanc d'argent parfait. Leur développement se fait jusque vers le Nord sur plusieurs lieues.

Selon moi, les filons kauliniques doivent se continuer jusque vers le Laos et peut-être au delà. Ils sont de même nature que ceux de Ling-tsé-Tsing, dans le Kiang-Si, et de Ki-Muen en Chine.

De ces *montagnes blanches* peuvent très-bien être extraites les matières rocheuses qui entrent dans les deux sortes de terres composant la *pâte à porcelaine de Chine*, à savoir :

1° Le kau-lin ;

2° Le pé-tun-tsé.

Le kau-lin est friable, maigre au toucher, fait difficilement pâte avec l'eau, à la surface il est mêlé de *mica*.

Ce *feldspath* des roches quartzeuses, qui se décompose sous l'influence des agents atmosphériques, et peut-être aussi par métamorphisme, doit être séparé de ce mica pour être bon à être employé comme pâte à porcelaine.

J'ai séparé, par le lavage, de l'argile kaulinique les substances étrangères qu'elle renfermait, puis je l'ai soumise à un feu très-vif. Elle est restée infusible et a acquis une très-grande dureté; je pouvais même rayer des verres comme avec du diamant.

Les montagnes kaolinifères de ma concession sont recouvertes d'une roche micacée à texture de gneiss, rouge et très-fusible. C'est à la présence de cette roche micacée qu'on doit d'observer ces diverses teintes rougeâtres et jaunâtres sur certains points des dites montagnes.

Je pris sept sacs des divers gisements kauliniques, mais je ne pris que de la roche micacée, puisque je n'attaquai que légèrement la surface.

L'analyse faite par la manufacture de Sèvres conclua défavorablement. L'échantillon que j'avais envoyé était tout à fait impropre, ainsi que celui que j'ai remis à M. le général Morin, qui a bien voulu charger M. Lhotte du soin de faire un rapport scientifique qui sera consigné plus loin, et traitera de l'emploi des diverses argiles blanches, jaunes et rosées de cette vallée du Mé-Khong.

Pour avoir du kau-lin ou du pé-tun-tsé, il faudra creuser profondément dans l'un des gîsements, où l'on découvrira une pâte riche, qui certainement sera supérieure au Saint-Yrieix de Limoges, et sera de même nature que celle de Chine et de Saxe.

Par la composition des divers gisements que j'ai explorés, j'ai cru remarquer surtout une roche plus tendre, durcissant à l'air et qui, trempée dans l'eau, par l'excès du silicate de potasse sur les autres silicates, a la déliquescence du savon. Ne serait-ce pas ce que les Chinois appellent le *wa-chi*, à cause de la nature saponacée que cette terre céramique parait avoir. Le *wa-chi* sert à faire la porcelaine rare et chère. Tandis que la charge d'homme de kau-lin ne coûte en Chine que 1 franc 50 centimes, celle du *wa-chi* coûte une piastre, soit 5 francs à 5 francs 35 centimes. La porcelaine qui est faite avec cette terre spéciale est d'un plus beau grain, plus légère, mais plus difficile à cuire.

De la carrière on pourrait tirer du *wa-chi*, le laver dans de l'eau de rivière ou de pluie, afin de le séparer de la terre jaune à laquelle il semble attaché. Puis on le broierait et on le ferait dissoudre dans des jarres d'eau, on le décanterait et on prendrait la couche supérieure, qui, parait-il, pourrait de suite être employée à faire de la porcelaine, après cette simple opération et sans aucun mélange.

Le *wa-chi*, si wa-chi il y avait, devrait se trouver dans les endroits où les montagnes kaolinifères sont fortement teintées de couleur jaune d'ocre.

Ces montagnes, qui doivent contenir sous forme d'amas irréguliers, cette matière argileuse blanche, dite kau-lin, sont formées essentiellement de roches primitives, comme le *granit* et le *gneiss*.

Il est à peu près établi que le Mé-Khong, depuis les *Rapides* et certainement bien au delà encore, coule sur un lit d'argiles, qui ne sont autres que des kau-lins rendus plus ou moins impurs par leur transport par les eaux.

La roche kaulinique que je recueillis à l'extrémité nord, dans le sac n° 1, fut prise à fleur d'eau et sous l'eau. Elle était très-onctueuse, d'un blanc d'argent ou mieux laiteux, douce au toucher, assez liante et plastique, elle offrait tous les caractères du *kau-lin argileux*.

Abandonnée à l'air, elle perdait de son onctuosité et de sa malléabilité pour devenir lithoïdale et happer fortement à la langue.

Cette roche paraît jouir de cette propriété physique dont parle notre savant Regnault, à savoir, que la matière serait traversée par une foule de petits canaux capillaires qui absorberait vivement l'eau du fleuve, comme celle dont la langue est mouillée ; de sorte que celle-ci se collerait fortement contre l'argile.

Je fis cuire dans mon four à brique, et par deux fois, une briquette de cette roche kaulinique du sac n° 1, et je pus constater qu'elle avait une grande porosité, et que l'eau passait à travers ses parois ; je fus donc obligé, pour la rendre imperméable, de la revêtir d'une *couverte* de silicate d'alumine ou de sable quartzeux très-fin. J'obtins à la deuxième cuisson une brique blanche vernissée, de très-belle apparence.

La décantation me donna un dépôt d'une couche feldspathique parfaite et de grains quartzeux; les plus gros se précipitèrent au fond. Je pus reconnaître que c'était aussi du kau-lin, mais de la qualité connue sous le nom de *kau-lin sablonneux*.

J'obtins les mêmes résultats pour les échantillons des sacs n°° 2, 3, 4 et 7.

La roche que j'avais dans les sacs n°° 5 et 6, et qui avait été prise à peu près à la hauteur de Stung-Trang, me fournit tous les indices du *kau-lin caillouteux*. En effet, la masse blanche, rosée à la surface, s'égrenait entre mes doigts et n'était presque pas plastique. Je la délayai dans l'eau, il y eut une désagrégation assez lente. J'obtins, par décantation, une première couche de véritable *argile blanche*, qui, selon moi, était du kau-lin pur, puis un précipité de deux autres couches parfaitement distinctes, composées de grains plus ou moins gros de quartz ou de feldspath non encore décomposé.

Aux divers gisements kaolinifères observés, je pus considérer, parmi les roches ambiantes, des amas de *granit* et de *gneiss* en décomposition. Au marteau, on séparait les couches parallèles du *gneiss*, on recueillait une poussière fine d'un jaune verdâtre nuancé. Cette poussière délayée dans l'eau était onctueuse et déliquescente; il y avait des lamelles micacées qui se précipitaient au fond.

Remarquons que dans cet état de décomposition du granit, comme du gneiss, le *kau-lin est mêlé de mica* en partie décomposé, *il est coloré, ferrugineux*, et ne peut donner des porcelaines translucides et complétement blanches. Il n'y a que le kau-lin pur qui peut être employé, et on le reconnaît à la couleur parfaitement blanche de la masse argileuse.

Nous allons envisager les divers aspects sous lesquels nous avons aperçu les roches kauliniques, ou mieux, si l'on veut, les argiles des *Montagnes blanches*.

Celles renfermées dans les sacs 3 et 4 avaient une apparence gris-bleuâtre plus ou moins foncé; elles furent prises dans le massif qui est juste en face de Kroch-Chmar. En cet endroit, il y a comme une dépression du Mé-Khong, où sont venues s'enfouir des matières combustibles, amenées là par les eaux de la vallée.

Celles des sacs 2 et 7 offraient une surface jaune d'ocre, indice de la présence de l'hydrate de fer.

Les autres sacs de la troisième série contenaient les échantillons de roches superficiellement teintées en rose et en rouge-brun, annonçant la présence du peroxyde de fer anhydre.

J'ai obtenu, par le grillage de ces divers échantillons, des résultats confirmatifs de la présence des sels divers que je viens de définir.

J'ai observé plusieurs espèces de granit non micacé et entièrement composé de quartz et de feldspath. Ce granit, que l'on désigne du nom spécial de *pegmatite*, est celui dont la décomposition donne lieu généralement aux gisements de kau-lin.

S'il y a excès de quartz, comme dans les échantillons des sacs 5 et 6, c'est du *kau-lin caillouteux*, et ce sera au milieu des gites de ce kau-lin que se trouvera, sous forme de veines ou d'amas, le *kau-lin blanc argileux*, que nous avons appelé plus haut le *wa-chi*.

La composition des roches feldspathiques des montagnes Blanches de ma concession, nous porte à faire admettre la présence, en quantité considérable, des trois variétés de kau-lin que nous venons d'observer. Ces roches feldspathiques ont même origine que celles de la Chine et du Thibet, et sont décomposées sous les mêmes influences atmosphériques.

Il est facile d'observer, au pied des montagnes Blanches, que le granit dominant est un *granit porphiroïde*, où domine le feldspath, c'est-à-dire le silicate double d'alumine et de potasse, ce qui est très-facile à reconnaitre, puisque le feldspath s'y présente sous forme de cristaux lamelleux, brillants et souvent colorés, comme je l'ai exposé plus haut.

L'exploitation des filons kaolinifères sera très-facile. A cette époque de l'année, en fin octobre, notre petit yacht l'*Hirondelle* touchait à la rive qui, en cet endroit, est à pic et a une profondeur de huit mètres. Les plus gros navires pourraient donc y venir charger dans les hautes eaux, sans craindre le moindre échouage, de juillet à fin novembre.

En dehors du kau-lin, les montagnes Blanches sont d'une richesse excessive; on y peut cultiver les cotons, les cafés, les poivres, la canne à sucre, la vanille, le mûrier et l'indigo. Une riche exploitation peut hardiment s'y installer. Il sera facile de se procurer les bras en s'entendant avec l'administration française pour faire venir, dans cette partie du haut Mé-Khong, une colonie de Tong-Kinois. Chaque homme ne reviendrait pas à plus de 15 à 20 centimes par jour.

Les montagnes Blanches ont une altitude favorable et se trouvent dans des conditions d'hygiène spéciales, à cause de leur position exceptionnelle dans la riche vallée de Mé-Khong.

A partir des montagnes Blanches, la pente du Mé-Khong s'accentue de plus en plus, jusqu'aux Rapides de Sombor, au nord de Kré-Ché.

Cette vallée du Mékhong va s'enclavant davantage jusqu'aux plateaux supérieurs, et à droite et à gauche les monticules qu'on rencontre ne sont autres que l'épanouissement de la chaîne qui part du grand plateau central de l'Himalaya.

Sans nous arrêter, il nous a fallu une heure et demie pour longer la rive des gisements kaolinifères avec l'*Hirondelle*.

Le premier gisement, en venant de Co-Sutin, était doublé à trois heures; il était parfaitement blanc (il n'est ici question que de la surface naturellement), situé vers le Nord, il prenait un aspect rougeâtre-brun et le perdait au loin, à plusieurs lieues de distance.

A trois heures quinze, nous passions devant le deuxième gisement, blanc-rougeâtre, qui s'élève de 20 à 35 mètres.

A trois heures trente, nous traversons le troisième gisement, qui a de 35 à 50 mètres de hauteur.

Vers trois heures quarante-cinq, apparaît le plus beau gisement, par sa couleur d'un blanc-laiteux ou d'argent. Il est découpé en forme d'aiguilles. Ces aiguilles rocheuses peuvent bien avoir 40 mètres de hauteur. Nous atteignons, vers quatre heures vingt, l'extrémité de ce gisement, qui doit se prolonger sous le fleuve. C'est sans contredit le plus beau.

Ce ne fut qu'à notre retour de Kré-Ché que je pris les divers échantillons avec lesquels je fis mes expériences et dont une partie fut envoyée à Sèvres, et dont quelques parcelles sont en ce moment au Conservatoire des Arts et Métiers, pour être analysées et étudiées par notre célèbre chimiste M. Lhotte.

Il est quatre heures vingt-cinq, quand nous nous dirigeons sur la rive gauche, vers le village de Kroch-Chmâr, où j'ai décidé que nous coucherions.

Les collines boisées de la rive droite que nous avons abandonnées au dernier gisement kaulinique *subaqual*, se terminent brusquement et s'abaissent en ce point vers le fleuve, mais elles se continuent dans la direction N.-E.

Il est cinq heures, et déjà nous apercevons l'*arroyo* de Kroch-Chmâr, qui sépare ce village de Swaï-Kang.

A cinq heures dix, nous stoppons en face de la maison du gouverneur de Swaï-Klang. La plage, en cet endroit, est très-inclinée et nous offre un mouillage agréable, qui nous permet d'aller à terre à notre convenance.

Du haut de la rive, nous voyons une quantité de feux qui s'allument sur la rive opposée, d'où nous venons ; il paraît que c'est pour éloigner les fauves qui, dès le soleil couchant, se mettent en chasse. Cela promettait de nous offrir un spectacle assez curieux pour la nuit, si n'était un vent importun qui renvoyait la fumée de notre côté. Ce vent se lève de plus en plus et n'annonce rien qui vaille.

La rive gauche est parfaitement habitée et très-peuplée ; on y remarque de petites forêts de citronniers et d'orangers (d'où le nom du village), etc. Elle a bien de 7 à 9 mètres d'élévation. Tout le long sont des radeaux de bamboux solidement amarrés.

De cinq à six heures et demie, malgré le vent qui continue et amène des nuages, nous allons nous promener dans le village de Swaï-Klang (village des manguiers). Comme tous les villages cambodgiens, il s'étend sur la rive sans profondeur. Chaque case a devant ou derrière, suivant sa disposition, son jardin et ses plantations.

Swaï-Klang est, en réalité, la continuation de Crôch-Chmâr, dont il n'est séparé, du reste, que par l'arroyo de ce nom.

Ces deux villages ont une population malaise et chinoise assez dense ; il y a aussi quelques rares Annamites, mais peu de Cambodgiens.

Tabac. — Déjà, fin octobre, les semis de tabac étaient faits et levés, la plupart.

Voici comment on procède pour faire ces semis :

On fait des caisses en bamboux, de l'épaisseur d'un bambou gros comme le bras, puis on fait un fond en clayonnage du même, et on place la terre préparée, qui n'est autre qu'un terreau mêlé d'alluvion récente. Cette couche de terre n'a pas plus d'un pouce d'épaisseur.

Le plant de tabac lève dans les huit jours.

Une vingtaine de jours, et même un mois après, on le repique. On fait la première cueillette de feuilles au bout de trois mois. Enfin, le plant a cessé de produire en mai.

Nous reparlerons plus loin de cette *solanée.*

Nous nous hâtons de rentrer à bord ; déjà le vent est devenu très-violent, l'orage approche, le ciel est noir, bientôt il s'empourpre et devient comme embrasé, les éclairs se succèdent, la foudre éclate et tombe à chaque minute, c'est un spectacle terrible et beau, tel que celui que je vis au Mont-Sinaï, en 1864; les flots du fleuve viennent se briser contre la rive. Le Mé-Khong est devenu une mer furieuse et mugissante, les bateaux se heurtent et se brisent. *L'Hirondelle,* elle-même, n'est plus en sûreté, je fais mettre les ancres à terre sur tribord, à l'arrière et à l'avant. Vains efforts, une vague terrible vient enlever notre vapeur qui brise ses chaînes, c'en était fait de *l'Hirondelle* et de nous tous, si nous n'avions pu parvenir à saisir la corde de rotin tressé, que le brave mandarin Malais nous avait apporté, aussitôt que le mauvais temps s'était montré. Il y a dans le grand fleuve des orages et des ouragans terribles. Il était difficile de manœuvrer sous une pluie torrentielle, nous fûmes mouillés jusqu'aux os, et à 10 heures, quand l'orage se calma, nous pûmes dîner. Le vent

tomba entièrement à 11 heures, mais la pluie conti-
nua toute la nuit. Ce que voyant, j'acceptai avec mon
ami Hünter l'offre grâcieuse du mandarin Malais, qui
mit sa case à notre disposition (1).

Beaucoup de notables de la localité vinrent nous
voir, malgré le temps, et nous causâmes du pays.

Dans ces parages, il y a quantité d'éléphants sauvages, de tigres et de panthères ; il est peu prudent de s'a-
venturer sans une escorte dans la forêt, même le jour.

Les bœufs de Chroch-Chmar et de Swaï-Klang sont
très-renommés pour la course aux chars; ils se vendent de 20 à 30 ligatures pièce, soit 16 à 24 francs.
Les francs se transforment à Phnum-Penh en piastre de 5 fr. 35 l'une.

Il y a toujours de grandes cultures cotonnières, du
tabac renommé, beaucoup d'indigotiers et de mûriers. On ne cultive le riz que pour la consommation
locale ; c'est ce qui a lieu presque dans tout le
Cambodge.

On me signale beaucoup de bois de Saô et d'autres
essences utiles.

Je demande aux notables s'ils savent quelque
chose sur les *Montagnes Blanches*, et s'ils ont essayé
d'employer les argiles blanches. Ils me répondent
négativement et m'assurent que ces montagnes se
poursuivent jusqu'au Laos, et que plus j'avancerai
dans le Nord, plus blanches seront les argiles.

---

(1) C'est pendant cette soirée et cette nuit terribles que mon ami
Thérond et moi attrapâmes une bronchite, que mon bain forcé de deux
heures aux *Rapides* dans une chasse au paon et, par conséquent au
tigre, vint encore aggraver pour moi.

Enfin, à minuit, ces braves gens s'en vont, et un sommeil réparateur vient faire oublier le danger passé et nos fatigues.

Avant le lever du soleil, à 5 heures 35, nous étions sur pied; nous avions la pression et levions l'ancre pour Kré-Ché. Mes matelots étaient encore tout mouillés : aussi se pressaient-ils aux abords de la machine pour se chauffer et se sécher.

Vers le milieu du fleuve, nous passons à côté d'ilots d'alluvion récente. A 6 heures 35, nous revenons vers la rive gauche et nous apercevons bientôt le massif des montagnes de Sambor-Culey, dans la direction Nord. De ces montagnes se détache un contrefort qui s'étend sur environ 15 milles dans l'intérieur. Ce contrefort n'est pas mentionné sur les cartes.

Nous devons naviguer au milieu du fleuve, afin d'éviter de nous ensabler, les bancs de sable en cet endroit étant très-mouvants et changeants par conséquent.

Nous ne sommes pas éloignés de la rive gauche : aussi n'apercevons-nous l'autre rive, à plusieurs milles, que comme un ourlet de verdure dans le lointain.

A 7 heures 15, nous passons devant Phnum-Sambor-Culey. Ce massif forme un arc de cercle.

Au pied de cette montagne, on voit des villages et des cultures très-soignées. Il y a, parait-il, des cotonniers arborescents très-curieux à écorce blanche.

On rencontre dans les immenses forêts de Sambor-Culey comme dans celles des montagnes blanches, une grande liane dont les fruits et le suc, carmin foncé,

servent à empoisonner certaines armes de guerre.
Les Malais m'assurèrent que ce poison est bien celui dont on se sert dans la Malaisie et à Java. Ce
serait donc le poison des Borgia. Quoi qu'il puisse
être, au bout de huit jours, je fis une piqûre à un
chien indigène avec le couteau dont j'avais plongé
la pointe dans le suc de la liane en question, le chien
mourut empoisonné et dans d'atroces souffrances.
Il fut pris, au bout de trente minutes, de tremble-
ments convulsifs et de vomissements ; sa gueule
bleuit, écumait abondamment, ses dents s'entrecho-
quaient.

A 7 heures 45, nous arrivons tout près des roches
subaquales, qui nous sont signalées par des remous
considérables. Ces roches sont très-dangereuses,
et à cette époque presque des hautes eaux, elles ne
sont guère qu'à 1 mètre 50. Il y a du danger dans
toute cette passe, qui est vis-à-vis des montagnes de
Sombor-Culey, c'est pourquoi fais-je marcher machine en avant doucement.

Vers 8 h. 15', nous commençons à avoir à lutter
contre un très-fort courant, l'inclinaison du fleuve
après Sombor-Culey devenant plus forte.

A cause du courant et des roches *subaquales*, il
serait imprudent d'aventurer un navire à vapeur qui
calerait plus de 1ᵐ 20 et même seulement un mètre.
Dans un mois, soit vers fin novembre, ce ne serait
qu'en tâtonnant que nous pourrions naviguer dans
la passe de Sombor-Culey.

A 8 h. 10', nous marchons sur la rive gauche, en
face du village de *Chomnit*, en aval de Poum-Han-

chey. On peut voir une source très-limpide qui coule de la rive.

Depuis notre départ de ce matin, il est facile de constater que les deux rives boisées s'élèvent de plus en plus et progressivement, suivant l'inclinaison du fleuve.

Nous rencontrons beaucoup de gros poissons et des calaos,

Les eaux du Mé-Khong sont toujours bourbeuses et charrient encore en abondance du limon.

A 8 h. 50' nous laissons derrière nous le village d'Hanchey, où nous avons pu observer des cocotiers et de très-beaux aréquiers.

La rive gauche parait fortement échancrée par les inondations; on ne rencontre qu'éboulements considérables entrainant des champs entiers et des arbres gigantesques. Elle a 8 et 9 mètres d'élévation, tandis que la rive opposée qui, depuis Sombor-Culey s'est abaissée, n'a plus que 2 mètres.

Le Mé-Khong, à part ses récifs, est très-profond.

A 9 h. 30', je fais stopper devant la maison du gouverneur de Poum-Hanchey, qui, ainsi que ses collègues de Croch-Chmâr et de Swaï-Klang, est à la guerre avec le deuxième roi.

A 10 h. 18', nous doublons l'arroyo de Poum-Chelang, village important et qui est tout en armes.

A midi, nous arrivons à Conchor-Ret-Concho, où nous faisons du bois. Descendus à terre, nous voyons quantité d'hommes armés en marche et équipés qui se dirigent sur Kré-Ché pour aller, disent-ils, rejoindre S. M. Phra-Khéo-Pha, le deuxième roi. Le gouverneur serait absent et à la guerre. Les cases sont presque vides, il n'y a plus que quelques femmes, des enfants et des vieillards. Nous sommes en plein pays insurgé.

A Conchor, j'ai appris que le gouverneur excitait les villageois contre le roi et engageait à embrasser la cause du prince rebelle. On m'a même assuré qu'il n'avait pas voulu me recevoir et s'était caché, mais qu'il était dans le village. Il me fuyait.

Il est une heure, lorsque nous avons rejoint le 2° Roi. Sa Majesté m'invite à l'aller voir, je lui réponds en siamois que je ne le puis, ayant grande hâte d'arriver à Kré-Ché. Il me dit qu'il y sera le lendemain. Nous nous saluons réciproquement.

A 1 h. 30', nous rencontrons les campements de l'avant-garde du deuxième roi. Ils ont leurs pavillons de guerre blancs, bleus et rouges. Leurs bateaux ont arboré le pavillon royal rouge. Le chef de l'avant-garde nous salue. Il est à la tête de 250 à 300 soldats.

Vers 2 h. 10', nous atteignons l'île de Cô-Charam; à 2 h. 43', nous doublons l'arroyo de Paem-Té.

Malgré la guerre, la rive gauche, que nous longeons de très-près, est cultivée comme de coutume, et comme s'il n'y avait aucun trouble. On ne s'aperçoit pas que la levée en masse décrétée par le roi ait nui aux travaux agricoles.

A 2 h. 50, notre chasseur intrépide, M. Hünter, vise et tue un superbe paon avec sa carabine américaine de *Martiny*.

VII

DE KRÉ-CHÉ AU LAOS

Il est 3 h. 35' lorsque nous arrivons à Kré-Ché, en face de la case du gouverneur, où nous mouillons. Les deux grands mandarins viennent nous saluer et se mettre à ma disposition.

Je remarque qu'il y a en face de Kré-Ché une ile qui a nom de Cô-Trang; elle est assez importante pour que je la note sur ma carte.

Dès quatre heures et demie, après la chaleur, nous montons à terre (c'est le cas de le dire, puisque la berge de l'eau, en cet endroit, a 40 mètres de pente). Les uns vont à la chasse, et moi je vais visiter, tout d'abord, les deux remarquables pagodes de Kré-Ché et les ruines que l'on me signale, mais qui sont trop loin.

Kré-Ché est très-propre, bien bâtie, et c'est le grand marché des marchandises d'exportation ou d'importation du Laos.

Avec un poste militaire à Kré-Ché, un à Cô-Sutin ou aux Montagnes Blanches, à Stung-Trang, un autre à Compong-Soaï et une compagnie à P'hnum-Penh, nous serions maîtres du pays que nous protégeons et rendrions tout retour de guerre civile impossible.

En tout deux compagnies d'infanterie de marine. Il ne faudrait pas de mattas (1). Ces derniers, essen-

---

(1) Soldats annamites enrôlés par la France. Il ne faut leur accorder qu'une confiance très-limitée.

tiellement pillards, comme ils l'ont prouvé dans la dernière expédition française contre Si-Vata, sont Annamites et ennemis séculaires des Cambodgiens.

Le commerce serait assuré, et les produits du Laos, au lieu de se diriger sur Siam, suivraient la voie naturelle du Mé-Khong.

Malgré les travaux de la mission d'exploration du Mé-Khong, je crois qu'on pourrait facilement rendre le Grand-Fleuve navigable pour de fortes jongues et pour des canonnières, durant les hautes eaux, jusqu'aux *Rapides*, et même par un canal latéral reliant Sambor à Somboc jusqu'à Péem-Krout, au confluent du Stung-Krout. On aurait ainsi tout le commerce du Laos et on toucherait au Tong-Kin et à l'An-Nam.

Après une petite chasse du matin, nous rentrons à bord, et à onze heures et quart, aussitôt que nous avons assez de pression, nous faisons route pour Samboc et les Rapides. Le gouverneur nous a donné deux pilotes et une jonque de circonstance. Il nous recommande bien d'éviter les récifs.

La route devient de plus en plus difficile; il y a une surveillance de tous les instants à avoir, à cause des remous que nous apercevons. Je fais modérer la marche et avancer en tâtonnant. Les pilotes nous affirment que l'*Hirondelle* ne pourra aller jusqu'à Samboc; ils refusent d'aller plus loin que P'hnum-Kréa avec le yacht royal.

Enfin, à onze heures quarante, nous laissons à notre droite le petit arroyo de Prec-Kakor.

Les deux rives fluviales sont littéralement couver-

- tes de champs de coton. Rien ne ferait croire que le prince rebelle est à peine à quelques kilomètres et s'est peut-être même retranché entre Poûm-Kréa et Samboc.

A midi, nous nous trouvons en face de deux arbres qui ont été foudroyés par l'orage d'avant-hier soir. L'un a été entièrement carbonisé ; le tronc, encore debout, n'est plus qu'un gros tison éteint ; l'autre a été séparé de toutes ses branches, qui gisent éparses sur le sol. Il ne reste de cet arbre énorme qu'un tronc ébranché.

A deux milles avant d'arriver à P'hnum-Kréa, nous laissons, sur la rive gauche, un amas de *blocs erratiques granitiques* des terrains primitifs, qui a bien 40 mètres de long.

A midi quarante-cinq les pilotes nous font mouiller au village de Khma-Khré, parce qu'ils craignent de nous conduire en face de la montagne de Phnum-Kréa. On commence, en effet, à voir des rochers à fleur d'eau. On voit qu'on approche des premiers *Rapides*.

A peine au mouillage, nous nous rendons de suite à la montagne, où nous accompagnent, armés, des villageois que le gouverneur a mis à notre disposition.

Il nous avait donné les plus courageux, et ceux-ci, l'avouerai-je, déclarèrent qu'avec des Français (des Parangs), ils n'avaient pas peur de Si-Vata et de ses soldats. Ainsi, nous n'avions pas besoin de voir la fameuse colonne pour être fiers d'être Français.

Nous faisons environ trois milles à travers champs

et à travers des jangles impénétrables. J'avouerai qu'à la vue de nombreuses traces de tigre et de sillages de serpents pithons, j'éprouvais un certain froid au milieu de ces brousses. Il serait difficile de se défendre dans une telle forêt. Le plus terrible drame peut s'y passer ; quelques froissements d'herbes ayant trois mètres de haut, et c'est tout. Quelle lutte possible, autre que celle corps à corps ? Je ne sais comment j'avais fait, mais j'étais seul avec un des pilotes. Nous nous appelions, mais nos voix restaient étouffées sous ces voûtes de jangles. Le trajet dura quarante minutes, qui me parurent des heures. Nous nous rejoignîmes au pied des deux monticules.

A deux heures trente, nous pûmes atteindre le sommet de la petite montagne, et à travers roches et rochers, coupant des lianes et des branches par-ci par-là, nous nous frayâmes une voie pour arriver à un immense tumulus en ruines, qui couronne le faîte de la grande montagne.

Au bas de ce tumulus en briques gisaient des pierres sculptées et profondément fouillées. Il y avait des inscriptions. Je grimpai par les lézardes du tumulus sur la tour en briques, aussi en ruine. Rien ne saurait rendre l'effet pittoresque et grandiose du panorama qui se déroulait devant moi.

A mes pieds, l'un des plus grands fleuves du monde ; devant, les Rapides ; autour de moi, la plus luxuriante végétation ; dessous, un tumulus et une montagne sacrée, recouverte et comme tapissée de vignes sauvages, serpentant de toutes parts sur des amas de pierres et sur des voûtes écroulées ; des lianes innombrables s'élançant à travers un fouillis inextricable de grands arbres qu'elles enlaçaient, et au milieu des orchidées, des fougères multicolores, des racines aériennes soutenant d'énormes banians ; enfin, un fourré tellement dense qu'il est impénétrable, et ce fut à coups de hâches que nos Cambodgiens nous avaient frayé notre route, coupant ou chassant de magnifiques serpents verts qui fuyaient ou tombaient.

Cette haute tour, partout lézardée, fut mon observatoire. Ce fut de là que je traçais quelques lignes pour dessiner les Rapides, qui se développaient dans toute leur majesté. J'apercevais dans le lointain, à mi-chemin de Samboc et de Sambor, l'arroyo de Prec-Ampil, qui coule au milieu d'une jolie haie de tamariniers. Ce fut non loin de là que le docteur Harmand et mon ami Hünter, en mai dernier, furent attaqués par les troupes rebelles de Si-Vata.

Dans ces parages des Rapides, la navigation n'est possible qu'en pirogues spéciales; partout on trouve des roches subfluviales, même en cette saison. Durant la saison sèche, on pourra, vers janvier, traverser presque à pied les Rapides.

Chacun de nous a écrit son nom sur une des pierres du tumulus. Pour laisser trace de notre passage, nous saluons le génie du lieu, qui est une magnifique statue de granit. Les mains lui manquent, ainsi qu'une partie du bras gauche. La figure est très-expressive. Cette statue n'a rien de l'époque du Bouddhisme, elle lui est antérieure. J'espèrequ'elle viendra bientôt figurer dans un de nos musées. En attendant, j'en pris le dessin.

Nos guides nous ont assuré que le camp du Prince rebelle n'était pas à une demi-heure de P'hnum-Kréa, à l'Est de Somboc.

Certainement, le prince Si-Vata a du apprendre notre présence dans ces parages, je suis même presque sûr que ce furent des soldats de son avant-garde, envoyés en éclaireurs, que j'ai aperçus du haut de mon observatoire de P'hnum-Kréa, à l'Est de Somboc; toutefois, nous ne fûmes nullement inquiétés,

En décembre 1867, j'étais allé de Somboc à Sombor, jusqu'à Stung-Treng, dans le Laos. J'étais alors avec une petite chaloupe, « la Maria, » qui resta à Kré-Ché.. Les Rapides étaient presque à découvert entièrement. Nous suivîmes la rive par un étroit sentier, et arrivâmes jusqu'à l'arroyo Prec-Ampil, où nous prîmes une jonque laotienne, qui nous amena, en moins d'une heure, à Sombor. J'étais seul comme Français. Mes gens et moi couchâmes chez le gouverneur.

La campagne de Sambor nous apparut alors charmante; les berges, depuis les Rapides, s'élèvent sensiblement vers le Nord; de grands arbres succèdent aux brousses. De chaque côté du fleuve, on remarque des cases et de vastes jardins, puis des terrains vagues, et à moins de 300 mètres de la rive, comme cela se remarque à partir de P'hnum-Penh, d'immenses forêts impénétrables.—Je mis plus de dix jours pour arriver jusqu'à Stung-Treng, dans le Laos.

VIII

ASPECT PHYSIQUE DU BAS-CAMBODGE. — EXPÉDITION ROYALE.
DE BAY-P'HNUM.

C'était pendant l'expédition que je fis avec le roi contre son frère rebelle, le prince Sivata, en février 1877, que je pus explorer au mieux le pays de Banan et de la province de Bay-P'hnum.

La flotille royale, composée de l'*Assouri*, du *Vilé-Yayam* et du *Royal-Giadinh*, portant l'oriflamme des rois Khmers, quittait P'hnum-Penh, le 15 février 1877, et arrivait le soir à Banan, à huit heures trente-cinq, où l'attendait le corps expéditionnaire français avec deux de nos canonnières et un vapeur des messageries Roques, portant nos troupes.

L'expédition était militairement placée sous le commandement de M. Grandclément, commandant d'infanterie de marine; M. Moura, comme représentant du protectorat français, suivait le commandant Grandclément,

Mais, à notre arrivée à Banan, on apprit que les troupes rebelles avaient fui vers le N.-O., dans la direction de Trémac. Un conseil de guerre se réunit dans la nuit, présidé par le brave commandant Grandclément et le roi, et l'on décida un ordre de marche immédiate vers le grand fleuve.

Dès quatre heures du matin, on remontait, à P'hnum-Penh, pour aller à Cô-Sutin et marcher par Kaï-Mé-Rich sur Bay-P'hnum, afin de refouler les rebelles aux montagnes et sur Banan. La flottille

royale était revenue prendre position en face de
l'arroyo de Banan, et attendit la compagnie d'infanterie de marine, mandée par télégraphe à Saïgon,
pour appuyer l'armé royele.

De Pro-Ving, M. Moura avait écrit au roi pour lui
annoncer que nos troupes marchaient sur Bay-
P'hnum, par le lac de Sach-Sáår, et de venir les
rejoindre en cet endroit.

Le roi partit le 22 février dans sa jonque royale,
suivie de toutes ses troupes; je le précédai (1).

Les vapeurs du roi, à part l'*Hirondelle*, qui
faisait le service des dépêches, n'avaient pu s'aventurer dans l'arroyo de Banan.

De chaque côté, il y a de grandes et belles cultures,
des cases bien soignées, entourées de jardins et de
plantations d'arequiers et de bétel, parfaitement
entretenues.

Les berges sont presque partout couvertes de joncs
et d'épaisses broussailles, mais ce n'est rien, en
comparaison de celles du petit arroyo de Sach-Sáår.

La rive gauche, où se trouve du reste la chrétienté de Banan, dirigée par le R. P. Combes, de
Grolhet (Tarn), est partout habitée. Elle se ressent
du voisinage de cette chrétienté, qui est admirablement tenue et administrée. Les tabacs promettent
d'être très-abondants. — Lors des fortes pluies, on
peut aller de la mission catholique à Bay-P'hnum
en petites jonques.

____

(1) Un français négociant, M. Raoul Marot, avait demandé au roi
et obtenu de le suivre. Il était avec moi.

Le roi et ses troupes font leur mouillage de nuit à Kiem-Rô, à sept heures.

Je vais me promener quelques instants avec le roi, à la pagode. Les Bonzes m'apprennent qu'il y a à peine trois jours que des avant-gardes du prince rebelle s'étaient avancées jusqu'à Banan. Ils nous disent cependant que les récoltes de tabac, de coton, de maïs, de riz et de mûriers, seront excellentes.

Je vais voir la ferme d'opium, qui m'offre plusieurs pipes à fumer. Elle se plaint beaucoup de la guerre civile.

Des nuées d'affreux moustiques viennent nous dévorer. Quelles souffrances et quel supplice! Je n'avais pas pris de moustiquaire ; aussi m'empressais-je de prendre celle qui était à la ferme, bien qu'elle eût servi, dit-on, à un mort. Elle avait une drôle d'odeur, mais qu'importe, est-ce qu'on y regarde de si près, dans ces pays où il faut, avant tout, fuir ce terrible ennemi : le moustique, ce vil insecte, excrément de ces terres lacustres. C'est par nuées innombrables qu'ils viennent vous mettre à la plus épouvantable des tortures. Mon jeune compagnon de bateau préféra l'insomnie que de partager ma moustiquaire.

Le 23 au matin, nous quittâmes Kiem-Rô et entrâmes dans l'arroyo de Pro-Ving, à Bay-P'hnum, que nous suivons jusqu'à l'arroyo de Sach-Sâar, où nous parvenons à nous engager, non sans difficultés. C'est à peine si chacune des barques royales peut s'y mouvoir. Les quatre-vingts hommes de troupes françaises marchent devant le roi et nous suivent. Notre jonque est en avant-garde, avec celle du Pi-

Bol, chef du village chrétien près P'hnum-Penh.

Ce petit arroyo eût été très-dangereux en cas d'attaque, nous aurions pu être littéralement canardés de chaque côté; de plus, il était obstrué par des arbres, des lianes, des roseaux, des arbustes dont les branches, couvertes de myriades d'insectes, de fourmis rouges, souvent de serpents, de geckos, etc., qui se laissaient tomber sur le rouffle du bateau. Certes on pouvait, sans aller bien loin, herboriser à souhait et enrichir les collections entomologiques. Nous naviguions, on peut le dire, parmi une forêt de roseaux.

De chaque côté. tout était désert, les cases étaient abandonnées, ainsi que les plantations diverses; on concevait que nous approchions du camp ennemi.

Jamais on ne vit arroyo décrire plus de sinuosités à travers des brousses sans fin.

Toute cette région de la province de Bay-Phnum est en partie inondée pendant deux à trois mois de l'année.

Au bord de la berge se montre une vaste et profonde assise d'argile blanche grisâtre et jaunâtre qui fait d'excellente poterie.

Nous mîmes 3 heures pour arriver en vue des avant-postes ennemis. Il était 5 heures du soir. Le Roi et le capitaine Molinier avec ses officiers se concertèrent et établirent à terre des gardes de nuit. A travers une plaine immense, très-marécageuse, où nous ne pouvons qu'avec peine avancer, dans le lointain, nous apercevons le camp retranché de Sach-Sâar. La campagne de Sach-Sâar est presque entièrement recouverte d'une alluvion très-fertile ; elle est inondée une partie de l'année, et c'est à peine si à cette époque, en février, c'est-à-dire en pleine saison sèche, la terre peut recevoir quelques plantations rendues hâtives par la richesse même du sol. A mesure que nous avançons sur Sach-Sàar et sur Bay-Phnum, la campagne s'incline et se trouve, pendant l'hivernage, presque submergée par les pluies que conserve longtemps le sol essentiellement argileux.

Les lacs de Sach-Sàar sont très-poissonneux et littéralement couverts de sarcelles, de pélicans, d'aigrettes, etc. L'eau est très-mauvaise à boire, elle repose sur un lit d'argiles noires où grouillent d'affreux petits poissons dont la morsure à emporte-pièce est très-dangereuse ; aussi est-il imprudent de se baigner dans ces endroits d'eaux stagnantes et même dans le fleuve, à la saison des pluies, qui charrie de ces poissons malfaisants.

A peine la sieste est-elle finie, que je me rends avec M. André de Diaz, interprète du Roi et le nôtre, aux villages voisins et à la pagode de Wat-Kéne. Ces villages sont des centres de pêcheries; quoique abandonnés en partie en ce moment, on voit qu'ils sont assez bien entretenus. La population est cambodgienne à Vat-Pachi, à Hong, à Prey-Phniém et à Kou-Somdech, on cultive en grand le riz dont la place paraît avoir été spécialement préparée dans cette immense plaine de Sach-Sàar et de Proving jusqu'à Bay-Phnum.

Nous subissons une chaleur intolérable; les heures

de la sieste sont des siècles. Nous faisons cuire des œufs à la coque en plein soleil. Nous avons 48° centigrades à 1 heure. La réverbération des lacs, celle du sable blanc qui recouvre les berges et la plaine jusqu'à Bay-Phnum rendent, en cette saison, ce campement et notre séjour terribles et meurtriers.

De Sach-Sâar (1) à Bay-P'hnum , soit environ 6 kilomètres, on s'y rend par une route de sable blanc très-fin qui rend la marche très-difficile et pénible pour les chevaux. Les transports se font par buffles et par bœufs.

Les montagnes de Bay-P'hnum sont très-boisées, elles sont au nombre de trois, ainsi que leur nom l'indique, elles viennent se terminer par un monticule au pied duquel coule l'arroyo de Kiem-Rô. Sur leur versant sont des pagodes en ruines ou à peu près. Au pied de la grande montagne du milieu, il y a une grande pagode qui possède de magnifiques Bouddhas, les têtes sont d'une très-grande expression, et l'une d'elles a de 60 à 70 centimètres de hauteur. Elles datent des premières époques du bouddhisme. A côté du campement français, et dans une éclaircie de forêt, nous aperçûmes un énorme tigre qui, au premier coup de clairon, prit la fuite et court encore. Il faut dire qu'il était venu se désaltérer à l'espèce de flaque d'eau dégoutante qui occupait les deux tiers de l'éclaircie et servait de boisson infecte à nos pauvres soldats et à nos officiers.

---

(1) Sach, sable ; Sâar, blanc.

Cette province de Bay-P'hnum fait l'élevage des bœufs, qu'elle exporte en Cochinchine française. C'est une immense rizière à exploiter, surtout dans sa partie méridionale : ses terres sont d'une fertilité exceptionnelle et peuvent recevoir, suivant les saisons et leurs positions, toutes les cultures riches de la vallée du Mé-Khong. Les moyens de locomotion y sont faciles et s'effectuent par les arroyos, ces voies naturelles de transport.

En un mot, l'aspect physique du royaume peut être ainsi présenté. Le Bas-Cambodge est marécageux et sableux, et spécialement propre aux rizières; la large vallée du Mé-Khong y est inondée une partie de l'année, pour se fertiliser et être prête à recevoir toutes les cultures qui lui sont propres pendant la saison sèche. Le Haut-Cambodge occupe un plateau immense qui va en s'élevant de plus en plus du S. au N.-E., et renferme dans cette partie des forêts vierges impénétrables.

IX

Versants.

deux versants : l'un vers la mer de Siam et la Basse-Cochinchine, relativement bas et occupant les trois cinquièmes environ du trapèze, arrosé par le Mé-Khong et les divers cours d'eau des monts de Siam; l'autre est celui qu'arrosent le haut Mé-Khong et ses affluents des montagnes des Moïs.

X

SYSTÈME OROGRAPHIQUE.

Le système orographique du pays de Khmer est formé par la continuation ou mieux l'épanouissement des deux chaines de montagnes des Moïs, à l'E. et du Laos à l'O.; elles tirent leurs noms des pays qu'elles traversent, mais elles-mêmes ne sont que des ramifications de la grande chaine centrale de l'Asie. A part les savantes relations de la mission du Mé-Khong, il n'existe, pour ainsi dire, presqu'aucun renseignement sur la chaine Laotienne; celle des Moïs serait un peu plus connue, ce qui veut dire qu'elle demanderait à être aussi très-sérieusement étudiée, étant donné nos futures relations rendues plus intimes avec la cour de Hué et le Tong-King.

XI

ALTITUDES.

D'après des renseignements que j'ai pris à Tourane chez le vice-roi de Kouang-Nam, et d'après les déductions que j'en ai tirées, il semblerait résulter qu'en cet endroit l'altitude moyenne de la chaine des Moïs ne dépasserait pas de 350 à 400^m; il y aurait des sommets de 800, 1,000, 1,200, jusqu'à 1,700^m, pas au-delà, et encore à partir de Kré-Ché.

XII

RAMEAUX ET RAMUSCULES PRINCIPAUX. — FLORE.

Ces deux fragments de chaines principales semblent venir au S., presque à la limite du Cambodge, s'épanouir en Basse-Cochinchine française. Vers le 14° de lat. et 105° 30' de long. M. P. (I) se détache d'un grand plateau un contrefort qui traverse horizontalement le pays des Charaï, court sur Stong-Treng, limite approchée du Cambodge avec le Laos, et suit le cours du Mé-Khong jusqu'au S. de P'hnum-Penh. Ce ramuscule forme une espèce d'arc de cercle relativement peu élevé, d'où se dégagent des collines et des monticules.

Ces montagnes ne se terminent pas en cimes détachées, elles simulent un gigantesque rempart aux sommets toujours plats, et dont la masse régulière paraîtrait plutôt servir de diguements aux fureurs capricieuses du Mé-Khong, lors de ses grandes inondations annuelles et quaternales. La plupart, depuis la base jusqu'à la ligne de faite, sont boisées et çà et là de vastes plateaux supportent des forêts de haute futaie aux essences les plus précieuses. Il faut remarquer que la végétation qui couvre la base, le pied et les flancs de ces montagnes, surtout vers le Bas-Cambodge, est inférieure à celle qui les couronne. Cette différence de végétation constatée serait avantageusement expliquée par la savante théorie de M. Elie de Beaumont sur les soulèvements auxquels sont attribuées la formation des montagnes et les principales révolutions qu'a subies l'écorce du globe.

---

(1) Méridien de Paris.

XIII

Terrains a sratification discordante

Lors de ces soulèvements, et en suite des puissants cours d'eau du pays, sans cesse grossis par des pluies torrentielles, pendant les deux tiers de l'année, les plus curieux dépôts ont dù s'effectuer avec une discordance de stratification que nous signale cette différence de végétation sur le même plan. Ces dépôts, faits, comme tout ceux de ce genre, aux dépens des terrains primitifs, ont dû certainement mettre à jour de précieux gisements. Il serait donc on ne peut plus utile de voir un ingénieur des mines prendre la direction d'une mission spéciale qu'établiraient, d'un commun accord, le roi Norodom avec notre gouverneur de Cochinchine. Il n'en faut pas douter, ces montagnes du Cambodge, étant toutes ou des rameaux ou des contreforts du grand système de l'Annam et de la presqu'île malaise, doivent renfermer des mines précieuses autres que celles qui sont connues à ce jour. C'est un vaste champ à explorer.

XIV

Gisements métallifères. — Diverses époques de formation.

Les contreforts qui constituent le plateau de Pursat se détachent de la chaîne laotienne; ils renferment dans la partie des terrains primitifs des filons d'or quartzifères; ils contiendraient encore des minerais de cuivre et de plomb. Plusieurs petites rivières, descendant de leurs versants, roulent des sables quartzeux aurifères. On a pu même constater, près de Battambong, des pépites assez fortes; seulement, en cet endroit, il y aurait danger à exploiter cette richesse, à cause de la nature des eaux, qui donnent la fièvre des bois. Plusieurs essais d'exploitation avaient été faits, dès 1865, par des sociétés américaines et siamoises, mais, quoique celles-ci aient eu des bénéfices énormes, il leur a fallu abandonner la rivière aurifère. Un homme du pays, par ses procédés les plus primitifs et qui ne consistent que dans le lavage du sable aurifère, pouvait ramasser assez de métal précieux, pour se faire des journées de 25, 30 à 50 francs. Entre Battanbong et Pursat, il y aurait une autre rivière aurifère plus hospitalière.

Ces quartz désagrégés proviennent des roches cristallines dont on retrouve les gisements dans les roches situées à la séparation des terrains stratifiés. Donc, il résulterait que le système des monts de Pursat et des environs, serait défini par la formation de son soulèvement, qui, dès-lors, nous présenterait les couches cambrienne, silurienne et dévonienne.

Le contrefort qui forme les monts de Compong-Soaï est surtout remarquable par les ressources qu'il renferme pour notre administration de la Cochin-chine française. C'est de là, en effet qu'on retire les plus belles essences de sapin et de Yao. Les sapins sont principalement employés comme pilotis. La pièce se vend à P'hnum-Penh 24 francs, elle a 15 mètres de longueur, sur un diamètre moyen de 35 à 50 centimètres, l'aubier étant enlevé.

XV

MINES D'OXYDE DE FER MAGNÉTIQUE DE COMPONG-SOAÏ — CONCESSION GARCERIE.

Ce contrefort, formé de schistes micacés, est constitué par des couches de terrains anciens. Au milieu de ces schistes se trouve un oxyde de fer magnétique en cristaux octaédriques. Ce minerai, par un échantillon que le roi du Cambodge me donna en 1864, fut jugé à Londres comme un oxyde de fer magnétique très-riche et capable de fournir du fer de première qualité. Le dit échantillon fit même déclarer que le minerai de Compong-Soaï était de beaucoup supérieur à celui de Suède, qui cependant prime tous ceux d'Europe. Tout le contrefort de Compong-Soaï est surabondamment pourvu de cet oxyde de fer que les Cuys et les Cambodgiens travaillent à l'état naturel. Ces amas de minerai sont curieux, ils se sont formés au-dessus du sol en boursouflures considérables.

L'exploitation de cette vaste mine de fer peut s'exécuter sur plusieurs lieues ; elle est rendue d'autant plus facile que par de bons cours d'eau on peut communiquer facilement avec le Tonly-Sap, et que le bois est sur les lieux mêmes pour établir les hauts fourneaux. On sait qu'il faut du bois de préférence à la houille pour cuire le minerai et former les gueuses. Nous remarquons que, pendant les hautes eaux, certains endroits sont inondés : il importe donc de choisir l'emplacement inamovible nécessaire à une exploitation sérieuse (1).

---

(1) *P'hnum-Penh, le 29 avril* 1870.

En 1875, M. Garcerie, après de longues et très-intéressantes incursions faites dans les montagnes de Compong-Soaï, de Compong-Leng, de P'hnum-Sentuc et enfin dans ces parages qui arrosent les divers Stung qui se jettent dans le petit et le grand lac, demandait et obtenait du roi du Cambodge l'exploitation des riches mines de fer de Compong-Soaï. La concession lui a été faite pour 15 ans, en quelque sorte renouvelables, mais la guerre civile de Siwata qui, depuis fin 1875, désole le royaume, l'a empêché encore de commencer ses travaux. Il a même dû battre en retraite en 1876 parce que, sur de fausses indications qui lui avaient été fournies par le gouvernement cambodgien et par M. Philastre, alors représentant par intérim du Protectorat français, il s'était engagé en toute confiance jusqu'à Compong-Thom, où il fut surpris par les troupes rebelles, qui lui tuèrent quelques-uns de ses gens et s'emparèrent d'une partie, pour ne pas dire de la presque totalité de son matériel d'exploitation. Ce fut sous une grêle de traits empoisonnés et de balles inhabiles, fort heureusement, que M. Garcerie put échapper à Si-Vata et revenir dans le Tonly-Sap, pour aller à Oudong avertir le roi et rentrer à P'hnum-Penh. — M. Garcerie se ressentira longtemps encore des pertes qu'il fit alors. Puissent-elles ne pas lui rendre impossible l'exploitation qu'il avait résolue !

Je signalerai en terminant ce chapitre qu'il paraîtrait exister de P'hnum-Penh à Tay-Ninh, près de Miro, une mine assez riche d'anthracite.

www.ingramcontent.com/pod-product-compliance
Ingram Content Group UK Ltd.
Pitfield, Milton Keynes, MK11 3LW, UK
UKHW021431090726
13657UKWH00003B/1029